인공지능과 사진

인공지능총서

인공지능 시대입니다. 기계가 인간의 인지를 대신하고, 사물이 인간을 통하지 않고 다른 사물과 직접 커뮤니케이션합니다. 이에 따른 인간 삶과 문명 변화를 정확히 이해 · 예측 · 대응하는 것은 이 시대 우리 모두의 과제입니다. 인공지능총서는 인공지능 기술과 환경의 여러 주제를 10가지 키워드로 정리합니다. 관련 개념과 이론, 학계와 산업계의 쟁점, 우리 일상의 변화를 다룹니다. 인간과 기술의 현재, 미래를 세심히 분석합니다.

일러두기

- 인명, 작품명, 저서명, 개념어 등은 한글과 함께 괄호 안에 해당 국가의 원어를 병기했습니다.
- 외래어 표기는 현행 어문규정의 외래어표기법을 따랐습니다.

인공지능과 사진

박평종

대한민국, 서울, 커뮤니케이션북스, 2024

인공지능과 사진

지은이 박평종
펴낸이 박영률

초판 1쇄 펴낸날 2024년 10월 31일

커뮤니케이션북스(주)
출판 등록 2007년 8월 17일 제313-2007-000166호
02880 서울시 성북구 성북로 5-11
전화(02) 7474 001, 팩스(02) 736 5047
commbooks@commbooks.com
www.commbooks.com

ISBN 979-11-7307-095-2 03500

책값은 뒤표지에 표시되어 있습니다.

차례

손, 장치, 알고리즘

인공지능 기술이 정보 처리의 혁명을 주도하고 있다. 2020년대 초부터 주목받기 시작한 생성형 인공지능은 이미지 생산 방식에도 급격한 변화를 가져왔다. 이미지 생성 알고리즘은 이미 2010년대 중후반부터 다양한 형태로 분화해 각종 과업을 자동으로 수행하고 있었다. 최근에는 자연어를 처리하는 지피티(Generative Pre-trained Transformer, 이하 GPT)모델과 이미지를 처리하는 적대적생성신경망(Generative Adversarial Networks, 이하 GAN)이나 확산 모델(Diffusion model)을 결합한 플랫폼이 공개되어 누구나 쉽게 원하는 이미지를 얻어 낼 수 있게 됐다. 텍스트를 입력하면 그에 부합하는 이미지를 생성해 주는 플랫폼이 그것이다. 달리(Dall · E), 미드저니(Midjourney), 스테이블 디퓨전(Stable Diffusion) 등은 문자 정보(프롬프트)를 입력하면 최상의 품질을 보장해 주는 예술작품 같은 이미지를 제공한다. 이 '간단한' 기술을 활용해 만든 '작품'이 각종 공모전에서 입상하기도 한다. 생성 인공지능은 이제 예술 애호가, 요컨대 아마추어와 전문 예술가의 경계를 지워 버리는 '민주적' 기술이 된 것일까? 실상 이런 질문은 사진이 발명된 이후 꾸준히 제기돼 왔다. 디지털 카메라가 보급되면서 질문의 유효성은 더욱 증폭됐다. 인간이 아닌 카메라가 이미지의 '물리적' 품질을 결정하기 때문이다. 생성 인공지능이 제공하는 이미지는 품질뿐만 아니라 '미적' 완성도의 측면에서도 뛰어나다.

인간은 이미 수만 년 전부터 이미지를 제작해 왔다. 그림이라 불리는 이른바 수공 이미지가 그것이다. 선사시대의 동굴벽화에서부터 르네상스의 명화에 이르기까지, 고전주의 회화와 인상주의 회화, 20세기의 추상 회화에 이르기까지 '전통' 이미지는 늘 인간의 손에 의해 제작됐다. 이미지의 생산이 인간의 손에서 벗어나게 된 것은 19세기 초중반에 발명된 사진 덕분이다. 카메라는 꼼꼼히 사물을 관찰하고, 평면 위에 펼쳐질 선과 면, 색의 조합을 구상하고, 자신의 의도에서 벗어나지 않도록 이미지의 형태를 통제하는 인간의 수고로운 노동으로부터 손을 해방했다. 이제 생성 인공지능은 여기서 한 걸음 더 나아가 카메라가 하지 못했던 훨씬 복잡하고 어려운 과업을 수행할 수 있게 됐다. 요컨대 손에서 장치(카메라)로, 다시 알고리즘으로 이미지 생산 방식이 바뀌고 있다.

사진의 기술 패러다임

사진은 19세기에 탄생한 대표적인 기술 매체다. 프리드리히 키틀러(Friedrich Kittler)의 '광학 미디어'나 빌렘 플루서(Vilem Flusser)의 '기술 이미지' 이론에서 사진은 최초의 기술 매체로, 오늘날 훨씬 복잡하고 고도화된 다른 기술 매체들의 속성을 지니고 있다. 동시대 미술 비평의 패러다임은 '기술'의 중요성을 상식으로 수용하나 이 '최초의' 기술 매체는 문자와 회화 독점 시대, 말하자면 낭만주의 패러다임하에서는 배척당했다. 사진은 기계적 복제 기술에 불과하고 생산자의 '정신'을 담아낼 수 없으므로 예술이 될 수 없다는 논리다. 따라서 이 기술은 기계적 정확성을 바탕으로 재현 대상이 지닌 정보를 충실히 기록할 수 있는 분야에 활용되어야 한다는 것이다. 1859년에 발표한 살롱비평 "근대 대중과 사진"에서 보들레르는 사진이 "자신의 본분인 과학과 예술의 시녀 역할"로 돌아가야 한다고 주장한다(Baudelaire, 1859). 여기서 사진이 담당해야 할 역할은 문학에 대해 인쇄술이나 속기술이 맺고 있는 관계와도 같다.

한편 발터 벤야민(Walter Benjamin)은 기술 매체로서의 사진이 촉발한 '근본적인' 문화사적 변화에 처음 주목했다. 그의 저작은 낭만주의 예술관의 '기술 적대적' 패러다임이 '기술 친화적' 패러다임으로 이행하는 계기를 마련했다. 여기서 제기된 주요 테제는 '기술 복제'가 예술의 기능과 역할 변화를 초래했으며, 그 결과 원본에 존재하던 아우라가 사라지게 됐다는 점이다. 또한 카메라의 눈이 인간의 눈을 대신하면서 '현대적 지각 방식'이 탄생하는 데 결정적인 영향을 미쳤다. 그것이 예를 들면 '시각적 무의식'이나 지가 베르토프(Dziga Vertov)의 '키노 아이(kino-eye)', 즉 기계의 눈이다. 이 변화를 '기술'이 이끌었다는 점이 중요하다. 새로운 기술 매체에 대한 벤야민의 생각을 이해할 수 있는 근거는 1936년에 작성된 "기술 복제 시대의 예술작품"에서 찾아볼 수 있다. 여기서 그는 두 가지 기술을 구분하며 양자의 차이를 밝힌다. 그가 제1의 기술과 제2의 기술이라 칭한 두 기술은 다음과 같은 점에서 차이가 있다. 첫째, "제1의 기술은 가능하면 인간을 중점적으로 투입하고, 후자, 즉 제2의 기술은 가능하면 인간을 적게 투입"한다. 둘째, 제1의 기술이 일회성을 특징으로 한다면 제2의 기술은 반복성을 갖고 있어 "실험을 통해 시험적 구성을 지칠 줄 모르게 변형"하는 것이 가능하다. 셋째, 제1의 기술은 "자연의 지배를 추구"했던 반면 제2의 기술은 "자연과 인류의 어울림을 지향"한다(벤야민, 1936: 56~57).

이 차이가 두 가지 기술의 경계를 명확히 나눈다고 할 수는 없지만 적어도 그가 강조하고자 했던 바는 명확히 드러난다. 요컨대 제2의 기술은 기계 복제 기술로, 여기서 인간의 개입은 줄어들고 반복성은 강화된다. 벤야민은 기계로 대표되는 근대 과학기술이 인간의 삶에 가하는 충격파에 맞서, 제2의 기술의 "가장 중요한 기능은 사람과 기계 장치 사이의 균형을 만들어 내는 데 있다"(벤야민, 1936: 82)고 주장한다. 반복성을 근간으로 하는 기계 복제 기술은 사진, 영화의 광범위한 배포와 "시험적 구성"의 되풀이를 통해 그 목표를 이룰 수 있다는 것이다. 제2의 기술이 지닌 속성은 이후 디지털 기술과 맞물리면서 한층 강화됐다. 인간의 개입은 더욱 줄어들었고 복제의 반복성은 훨씬 고도화됐다. 그런 점에서 벤야민이 제기한 기술 개념은 여전히 유효하고 그 기술의 진행 방향은 바뀌지 않았다.

사진의 존재론 패러다임

벤야민의 '기술 패러다임' 이후 사진 이론의 핵심 논점은 사진의 '존재론'으로 옮겨 간다. 이 기술 매체의 '특수성'을 먼저 규명해야 이 '신생' 이미지가 제공하는 심미적 경험과 배포된 이미지의 의미를 올바로 해석할 수 있기 때문이다. 중요한 전기는 앙드레 바쟁(André Bazin)의 "사진 이미지의 존재론"이 제공했다. 그에 따르면 사진은 "처음으로 외부 세계의 이미지가 엄격한 결정론에 따라 인간의 창조적 개입 없이 자동으로 형성"(Bazin, 194: 13)된 '자동 생성' 이미지다. 이 정의가 갖는 함의는 여러 층위에 걸쳐 있다. 기술 매체와 인간의 관계라는 관점에서 보면 사진 이미지의 생성 과정에 인간이 전혀 개입할 수 없다는 점이 중요하다. 사진을 찍기 전과 찍은 후의 개입은 자유로우나 정작 이미지가 형성되는 과정 자체는 순수하게 빛과 감광물질의 상호작용으로만 이루어지기 때문이다. 이 '인간 배제'와 '자동 생성'이 사진의 '본질적 객관성'을 결정하는 핵심 요소다. 사진 이미지는 '엄격한 결정론', 즉 광화학적 법칙에 따라 피사체에서 반사된 빛이 감광판에 작용하여 형성되며, 따라서 인간의 주관이 개입할 수 없으므로 객관성을 담보한다. 이 '본질적 객관성'은 사진 이전에는 존재하지 않았던 것으로 조형예술의 역사에서 새롭게 출현한 것이다. 이 '객관성' 덕분에 "사진은 조형예술의 역사에서 가장 중요한 사건"(Bazin, 1945: 16)이 된다. 바쟁은 조형예술의 기원을 '미라 콤플렉스'에서 찾으면서 외형의 유사성에 집착하는 15세기의 서구 회화가 그 연장선에 있다고 주장한다.

바로크 미술은 이 '외형적 리얼리즘'의 정점에 있으며, 서구 회화는 줄곧 이 '미라 콤플렉스'에 사로잡혀 있었다. 사진은 회화를 이 유사성 콤플렉스에서 해방함으로써 미적 자율성을 찾아 나서게 해 주었다는 것이다.

사진의 '특수성'을 규명하고자 하는 노력은 롤랑 바르트(Roland Barthes)에게서도 비슷한 양상으로 나타난다. 그의 마지막 저서인 『밝은 방』의 서두에서부터 그는 "나는 사진에 대한 '존재론적 욕망'에 사로잡혀 있었"고, 결국 "사진 '자체'가 무엇인지, 그것은 어떤 본질적인 특징을 통해 이미지들의 공동체와 구분되는지 알고 싶었"(Barthes, 1980: 13~14)다고 언급한다. 수많은 사진을 검토한 끝에 그가 찾아낸 사진의 '본질'은 '그것이-존재-했었음'이라는 사진의 '자명한' 진실이다. 어린 시절 어머니의 사진에서 발견한 이 '본질'은 모든 사진의 바탕에 놓여 있는 '투명한' 구조다. 누구도 부인할 수 없는 이 명백한 진실은 사진이 지시 대상과 뗄 수 없이 연결되어 있다는 데서 기인한다. "사진은 문자 그대로 지시 대상의 발산"인데, 왜냐하면 사진에 찍힌 대상으로부터 "여기 있는 나와 접촉하러 오는 복사 광선이 출발"했기 때문이다(Barthes, 1980: 126). 결국 사진의 '본질'을 규정하는 '그것이-존재-했었음'은 지시 대상에서 반사된 빛을 광학 장치로 수용해 감광판에 맺히게 하는 화학적 처리 과정이 결합한 결과다. 이 광화학적 결정 구조가 모든 사진을 지배하는 원리인 셈이다.

바쟁의 '존재론'이 인간 배제와 자동 생성에 주목했다면 바르트의 입장은 지시 대상과 이미지 사이의 인과 관계를 중시한다. 바르트는 사진의 발명자는 광학 장치의 발견자가 아니라 '화학자'며, 그 까닭은 지시 대상에서 발산된 빛을 포착하는 문제가 '결정적'이기 때문이라고 언급하며 그 점을 강조한다(Barthes, 1980: 126). 실제로 바르트에게 사진의 '본질'을 깨닫게 해 준 '온실 사진'은 "어린 시절 어머니로부터, 그리고 그녀의 머리칼과 피부, 원피스와 시선에서 바로 그날 발산됐던 보물 같은 빛"(Barthes, 1980: 128)이 만들어 낸 이미지다. 이런 언급은 그가 1980년대 프랑스를 중심으로 전개된 '지표이론'과 사진의 특수성에 관한 사고를 부분적으로 공유하고 있음을 알려 주는 근거가 된다.

지표이론의 요지는 사진이 그림과 같은 다른 이미지와 구분되는 근거를 도상(icon)과 지표(index)의 차이로 설명한다는 데 있다. 그에 따르면 사진의 '존재론'이나 사진의 '특수성'은 지표의 관점에서 규정 가능하다. 즉 도상은 지시 대상과의 유사를 속성으로 삼지만, 지표는 지시 대상과의 인과 관계 및 물리적 접촉을 통해 생산된 기호다. 사진은 지시 대상으로부터 반사된 빛이 감광판에 접촉해 생성된 이미지이므로 지표의 범주에 속한다는 것이 골자다. 이런 주장은 앙리 반 리에(Henri Van Lier), 장마리 셰퍼(Jean-Marie Schaeffer), 필립 뒤부아(Philippe Dubois)와 같은 사진 이론가들의 저술을 통해 체계화됐다. 예컨대 필립 뒤부아는 퍼스의 지표 개념을 끌어와 지표의 원칙을 유일성(singularité), 증명(attestation), 지시(désignation), 세 가지로 정리한다. (Dubois, 1990: 68) 지표가 현실의 시공간에 실제 존재했던 사물과의 물리적 접촉에서 기인하는 한 그것이 남긴 흔적은 바로 그 사물 자체만을 가리킨다. 또한 그 흔적이 인과 관계의 산물인 이상 지표(결과)는 원인에 대한 입증의 힘을 지니며, 결과는 자신을 낳은 원인을 직접 지시한다. 뒤부아는 사진이 지표의 이 세 가지 속성을 공유한다고 언급하면서, 바르트의 글을 인용해 자신의 주장을 정당화하고자 한다.

포토그래피에서 포스트 포토그래피로

지표이론을 통해 불완전하게나마 구축됐던 사진의 '존재론'은 1990년대의 이른바 '디지털 혁명'을 맞아 격렬한 논쟁의 소용돌이에 휩쓸려 들어간다. 아날로그와 디지털, 실재와 가상의 이분법에 따라 사진과 사진 이후를 구분하면서 '포스트 포토그래피' 시대의 개막을 주장하는 논리가 힘을 얻기 시작했다. 윌리엄 미첼(William J. Mitchell), 프레드 리친(Fred Ritchin) 등 이 논의를 주도한 이론가들에 따르면 디지털 사진은 기존 아날로그 사진과 '근본적으로' 다르다. 미첼은 연속적인 아날로그 정보와 불연속적인 디지털 정보의 차이에 주목해 두 기술을 통한 재현 방식이 결정적으로 다르다고 주장한다(Mitchell, 1992: 4). 예를 들면 경사로를 내려오는 발걸음이 연속적인 행위인 데 비해 계단을 내려오는 동작은 불연속적 행위로, 후자의 경우 계단 수를 셀 수 있다는 것이다. 이런 관점에서 보자면 아날로그 사진의 '연속적인' 톤에서 정보의 총합은 무한정하다. 반면 디지털 사진의 경우 정보의 총량은 결정돼 있는데, 왜냐하면 디지털 사진의 최소 단위는 픽셀로 '고정되어' 있기 때문이다(Mitchell, 1992: 6).

이미지의 구조가 갖는 이 차이로부터 이미지 생산에서도 중요한 변화가 생겨난다. 디지털 이미지를 처리하는 기본적인 방법은 특정한 톤과 색을 얻어 내기 위해 픽셀에 일정한 숫자 값을 부여하는 것이다. 완성된 이미지는 화면 전체를 구성하는 픽셀에 부여된 숫자 값의 총합으로 이루어진다. 여기서 픽셀을 선택하기 위해 컴퓨터 그래픽에서처럼 커서를 사용하는데, 이는 일종의 '전자 그림'으로 '회화' 시스템과 다르지 않다(Mitchell, 1992: 6). 이렇게 픽셀값의 종합으로 구성된 디지털 사진은 자유로운 조합과 수정, 변형이 가능하다. 미첼은 아날로그 사진에서도 이미지의 조작이 있었으나, 수작업을 통한 변형과 조합은 기술적으로 어려웠다는 점을 강조한다. 결국 "디지털 정보의 본질적인 특성은 컴퓨터를 통해 쉽고 빠르게 조작이 가능"(Mitchell, 1992: 6)하다는 점에 있다. 미첼은 디지털 사진의 이 '가변성(mutability)'과 '조작(manipulation)'이 모더니즘 사진을 지배해 온 '객관성' 패러다임의 종언을 뜻한다고 주장한다. 모더니즘 사진에 부과됐던 요구가 "객관적 진실에 대한 탐구"였다면, 이제 그 기획이 종말을 고한 시점에서 디지털 이미지는 포스트모던 시대의 다양한 기획을 수행하는 데 적절한 도구가 될 수 있다는 것이다(Mitchell, 1992: 7).

실제로 1990년대 이후 디지털 기술은 미술 현장에서 광범위하게 활용된다. 특히 사진의 영역에서 '조작'은 가상을 탐구하는 가장 손쉬운 방법으로 등장한다. 모더니즘 사진의 '완강했던' 객관성에 대한 요구가 쇠퇴한 대신, 디지털 합성과 변형에 의한 허구의 세계가 '실재'의 가면을 쓰고 빠르게 밀려오기 시작했다. 이와 더불어 미술 현장에서 디지털 기술은 다양한 기술 매체와 맞물리면서 뉴미디어 아트로 불릴 만한 새로운 흐름을 만들어내기 시작했다. 이제 디지털은 '특별한' 기술이 아니라 모든 기술 매체를 지배하는 '원리'가 됐다. 그리고 그 기술 매체들은 컴퓨터로 수렴한다. 일일이 열거할 수 없을 만큼 다양한 기술 매체는 컴퓨터라는 엔진에 의해 작동하며, 거기서 생산, 처리되는 정보는 숫자 데이터로 환원된다. 그런 점에서 기술 매체의 '고전적인' 구분, 예컨대 사진(비트맵 기반의 디지털 이미지)과 컴퓨터 그래픽(벡터 기반의 디지털 이미지)의 구분은 별 의미가 없다. 이들은 모두 컴퓨터로 운용하는 디지털 매체일 따름이다.

인공지능 프로젝트

플루서는 사진을 최초의 기술 이미지로 정의한다. 그에 따르면 사람의 손으로 '그린' 이미지와 달리 기술 이미지는 장치(apparatus)로 생산되며, 카메라는 최초의 장치다. 장치는 프로그램에 따라 작동하고, 프로그램의 본질은 자동성에 있다. 실상 디지털 전환과 더불어 문자와 이미지, 소리 등의 감각 정보는 컴퓨터 내에서 숫자 정보로 통합됐다. 키틀러는 이를 '매체 연합'이라 규정했으며, 여기서 아날로그 매체는 컴퓨터로 수렴한다. 한편 레프 마노비치(Lev Manovich)는 이 새로운 매체의 본질을 수적 재현과 자동성의 원리로 설명한다. 수적 재현의 원리에 따르면 모든 정보는 함수로 기술 가능한 알고리즘을 통해 수로 표현할 수 있다. 이는 인간의 언어를 컴퓨터 언어로 바꿀 수 있다는 단순한 사실만을 뜻하지는 않는다. 이 말은 우선 올드 미디어가 '스스로' 작동할 수 있음을 가리킨다. 본래 올드 미디어가 정보를 생산하려면 작동자, 즉 인간이 개입해야 했다. 이때 정보는 인간의 의도에 따라 산출된다. 한편 컴퓨터 프로그램 기반의 뉴미디어는 '자동으로' 정보를 산출한다. 이를 마노비치는 인간이 부분적으로 개입할 수 있는 '저차원' 자동화와 구분하며 '고차원' 자동화라 부른다. 이 '고차원' 자동화는 1956년 다트머스(Dartmouth) 컨퍼런스에서 제기된 인공지능 프로젝트에서 구체화된 원리다. 요지는 기계가 지능과 학습의 모든 측면을 정확히 시뮬레이션하도록 제작될 수 있다는 가설에서 출발한다. 여기서 제안된 의제는 총 일곱 가지로, 컴퓨터의 자동화, 컴퓨터가 자연어를 사용하도록 프로그램하는 방법, 뉴런 연결망(인공신경망), 계산의 규모에 관한 이론, 컴퓨터의 자기 개선, 데이터의 추상화, 데이터 산출의 무작위성과 창의성이다(McCarthy et al., 1955: 12~14).

무작위성과 창의성에 대한 의견을 개진한 너새니얼 로체스터(Nathaniel Rochester)는 인공지능이 새로운 정보의 생성에 적합하다고 주장한다. 왜 그럴까? 컴퓨터 프로그램은 특정한 문제가 제기됐을 때 해결책을 찾기 위해 작성한 규칙들로 구성된다. 과거의 경험과 지식을 통해 체득한 규칙들이 있다. 예컨대 날씨가 추워지면 온도를 높이기 위해 불을 지피는 간단한 규칙이 그것이다. 그리고 문제에 대한 해결책의 예측값을 수식으로 프로그램할 수 있다. 그런데 복잡한 문제가 발생했을 때는 해결책도 복잡해진다. 나아가 인간이 한 번도 만나 보지 못했던 새로운 문제가 주어질 때는 어떤 규칙을 적용해야 할지 알 수 없다. 문자 그대로 새로운 문제이기 때문이다. 이 경우 예측 범위 밖에 있는 모든 가능한 경우들을 하나씩 대입해 보아야 한다. 무엇이 해답인지 알 수 없기에 적용은 무작위로 진행된다. 이때 방대한 데이터를 처리할 수 있는 컴퓨터, 요컨대 연산 속도가 빠른 기계가 인간에 대해 비교우위를 갖는다. 그리고 그렇게 얻어 낸 해결책은 그 자체로 새로울 수밖에 없다. 과거에 없었던 것이기 때문이다.

이처럼 인공지능의 기획 단계에서부터 새로운 정보의 생산은 예견되어 있었다. 그리고 컴퓨터의 연산 능력이 고도화되고 인공신경망 기술이 발전하면서 생성 능력도 함께 발전했다. 시각예술의 경우로만 한정하면 이미 1990년대에도 작가들은 인공지능을 적극적으로 활용했다. 하지만 이미지 생성 능력에는 분명한 한계가 있었다. 그림과 그래픽 같은 비정형 이미지 생성은 수월했으나 사진 같은 사실적인 이미지를 생성할 수 없었기 때문이다.

이미지 생성 분야에서 일대 전환점은 2014년 이언 굿펠로(Ian Goodfellow)가 제안한 적대적생성신경망(Generative Adversarial Network, 이하 GAN)이 제공했다. 이후 GAN은 꾸준한 기술 보완과 후속 알고리즘 개발을 통해 컴퓨터 비전 분야에서 가장 주목받는 모델로 확고히 자리 잡았다. GAN의 초기 개발자들은 이 생성 모델이 진짜 같은 가짜 이미지, 요컨대 '사진 같은(Photo-real)' 이미지 생성에 적합함을 강조했다. 이 점이 기존 생성 모델과의 결정적 차이다. GAN은 원본 데이터, 요컨대 사진과 구분이 어려울 만큼 가짜 이미지 생성에 탁월하다. 예컨대 똑같은 형태의 그림-사진을 치환하는 CycleGAN, 존재하지 않는 사람의 얼굴을 '사진처럼' 합성하는 StyleGAN, 측면 사진에서 정면 사진을 합성하는 TPGAN, 한 인물의 얼굴 사진에서 나이와 성별, 표정을 바꿀 수 있는 StarGAN 등 그 종류와 유형은 매우 많다.

인간 vs 인공지능

생성 인공지능은 과거에 볼 수 없었던 놀라운 이미지 생성 능력을 보여 주고 있다. 알고리즘이 손과 카메라를 압도하는 형국이다. 그 과정에서 이미지 생산의 주체에 관한 문제가 제기된다. 프로그램의 자동성은 분명 인간을 노동으로부터 자유롭게 해 준다. 그렇다면 인간은 프로그램이 자동으로 산출하는 이미지를 '단지' 소비하고만 있을 것인가? 두 가지 문제가 있다. 첫째는 이미지 생산의 주체, 요컨대 인간과 인공지능의 관계 설정에 관한 문제다. 생성 인공지능의 개발자들이 이구동성으로 강조하듯 생성자는 블랙박스다. 즉 생성자가 어떤 이미지를 만들어 낼지 누구도 알 수 없으며 생성의 방향에 개입할 수 없다는 것이다. 생성자는 함수에 따라 상수와 변수를 조합해 랜덤하게 데이터를 생성한다. 이 과정은 철저한 확률 게임에 따라 진행되며, 거기에 인간은 관여할 수 없다. 인간은 단지 인공지능이 제공하는 데이터 중에서 마음에 드는 것을 선택할 수 있을 뿐이다. 데이터 생성의 자동성은 날이 갈수록 고도화되는 추세다. 그와 더불어 정보 생산 과정에서 인간의 배제도 함께 가속화되고 있다. 기계는 인간의 데이터를 학습해 생성 능력을 발전시키고 있으나 반대로 인간의 능력은 제자리라는 뜻이다. 물론 데이터 선택의 자유는 있다. 하지만 그 자유는 제한된 자유, 요컨대 기계가 제안하는 데이터의 범위 내에서만 누릴 수 있는 자유다. 인공지능을 기획한 주체는 인간이나 그는 역으로 그 기획으로부터 배제당하고 있는 양상이다. 이 모순을 극복하기 위해서는 인간의 적극적인 개입이 필요하다.

참고문헌

박평종(2021). 기술 매체 기반 미술의 근본 문제: 사진, 뉴미디어, AI. ≪AURA≫, 47호, 21-34.

발터 벤야민(1936). 기술 복제 시대의 예술작품. 최성만 옮김(2007). 『발터 벤야민 선집2』. 길.

Barthes, R.(1980). *La chambre claire*. Cahier du cinéma/Seuil.

Baudelaire, C.(1859). "Le public moderne et la photographie", *Études photographiques*. 2021.

Bazin, A.(1945). "Ontologie de l'image photographique". *Qu'est-ce que le cinema?*. Cerf.

Dubois, P.(1990). *L'acte photographique.* Nathan.
Flusser, V.(1983). *Towards a philosophy of photography.* Reaktion Books Ltd.
Manovich, L.(2001). *The Language of New Media.* Mit Press.
McCarthy, J., et al.(1955). "A Proposal for the Dartmouth Summer Research Project on Artificial Intelligence". http://jmc.stanford.edu/articles/dartmouth/dartmouth.pdf
Mitchell, W.(1992). *The Reconfigured Eye: visual truth in the post-photogrphic era.* The MIT Press.

01
프로그램

사진은 그림과 문자 이후에 등장한 '기술 이미지'로, 카메라라는 장치로 생산된다. 장치는 프로그램에 따라 작동하며, 프로그램은 사전에 예정된 기획대로 자동으로 정보를 산출한다. 인공지능 알고리즘도 프로그램으로, 상수와 변수의 조합에 따라 자동으로 데이터를 생성한다. 그런 점에서 사진과 인공지능은 프로그램과 긴밀히 연결돼 있다.

카메라 프로그램

인간이 손으로 제작한 이미지(그림)는 문명 이전부터 정보의 생산과 예술작품의 제작을 주도해 온 주요 매체였다. 19세기에 발명된 사진은 처음으로 이미지 생산에서 인간을 해방했다. 여기서 해방과 배제는 동전의 양면이다. 인간이 배제된다는 말은 무슨 뜻일까? 앙드레 바쟁은 '자동 생성' 개념으로 이 문제를 설명한다. 사진이 찍히는 순간, 즉 이미지가 생성되는 과정에 인간이 개입하지 못하고 순수하게 빛과 감광판의 상호작용에 의한 기계적 메커니즘만이 작동한다는 것이다(Bazin, 1945: 13). 인간은 이미지를 생산하는 노동에서 해방됐지만 그 대가로 이미지 생산 과정에서 소외됐다.

한편 빌렘 플루서는 바쟁과 다른 맥락에서 장치(apparatus) 개념을 통해 이 문제를 다룬다. 그에 따르면 사진은 최초의 기술 이미지다. 기술 이미지는 장치로 생산된 이미지다. 이미지가 사람의 손이나 도구의 산물이라면 기술 이미지는 장치의 산물이다. 따라서 기술 이미지를 이해하기 위해서는 장치의 특성을 알아야 한다. 화가가 붓이라는 도구를 사용해 그림을 그릴 때 그는 이미지의 구성 요소들을 상징으로 표현한다. 관람자가 그 의미를 파악하려면 화가의 머릿속에서 벌어졌던 코드화 과정을 해독하면 된다. 그러나 기술 이미지의 경우 사정은 전혀 다르다. 장치는 기술 이미지 생산자의 '의도'대로 상징을 코드화하지 않는다. 인간이 배제됐기 때문이다. 오히려 기술 이미지의 생산 과정에서 코드화는 장치를 작동하는 프로그램에 따라 이루어진다.

실상 장치는 도구나 기계와 다르다. 붓이나 망치와 같은 도구는 노동의 효율성을 위해 신체를 모방해 만든 사물, 말하자면 신체의 연장이다. 도구는 인간의 의도를 충실히 따르며, 그렇지 못하면 노동은 실패한다. 인간의 의도와 경험이 조화를 이룰 때 노동의 효율성은 극대화되며, 그런 점에서 도구는 경험적이다. 그러나 산업혁명과 더불어 도구는 더 이상 경험의 모방이기를 멈추고 과학기술과 결합한다. 장치는 생산성 향상을 위해 '스스로' 무언가를 만들어 낼 수 있게 설계된다. 이를 가능케 하는 것이 프로그램이다. 즉 장치의 핵심은 프로그램에 있다. 장치가 복잡한 과학 텍스트의 산물일 수밖에 없는 것도 이 점 때문이다.

플루서가 최초의 장치로 규정하는 카메라를 예로 들어 보자. 카메라는 한 장의 사진을 만들기 위해 광화학 이론(과학 텍스트)에 근거한 복잡한 프로그램을 보유하고 있다. 구체적으로는 우선 빛을 수용하는 데 필요한 셔터와 조리개가 있고, 이미지 생성에 적합한 빛의 양은 이 두 요소의 조합에 따라 결정된다. 피사체에서 반사된 빛이 감광판에 맺혀 이미지를 형성하는 과정은 화학적 메커니즘에 따라 '이미' 결정돼 있다. 또한 촬영할 수 있는 대상의 크기와 각도는 파인더와 렌즈의 '물리적' 제약에 묶여 있다. 이 모두가 사진을 만드는 카메라의 프로그램이다. 그리고 이 프로그램에 따라 사진 이미지가 형성되는 과정에 인간은 개입할 수 없다. 만약 이 광화학적 법칙을 따르지 않으면 완성된 사진이 나올 수 없다. 인간이 프로그램을 무시하고 주관적으로 사진 생산을 강제하지 못한다는 뜻이다. 그것이 카메라의 자동성, 사진 이미지 생성을 지배하는 자동성이다. 실상 사진의 역사, 카메라의 역사는 자동성이 고도화되는 방향으로 진행됐다. 초기에는 사진 촬영에 필요한 조건을 인간이 수동으로 결정했다. 이후 복잡한 각종 프로그램이 추가되기 시작했다. 디지털 기술과 더불어 프로그램은 좀 더 복잡해졌다. 자동초점 기능은 물론이고 셔터 우선/조리개 우선 등의 자동 노출 프로그램, 안면 인식 프로그램 등이 장착되면서 자동성은 강화된다. 모든 조건을 기계가 알아서 결정한다는 뜻이다. 그 과정에서 인간이 할 일은 점점 줄어든다. 결국 프로그램은 기계의 자동화를 고도화하는 핵심 원리다.

인공지능 프로그램

플루서는 장치가 특수한 사고 과정을 모방하기 위해 발명됐다고 주장한다. 이는 컴퓨터의 발명을 통해 명확히 드러나는데, 여기서 특수한 사고란 '숫자로 표현된 사고'를 가리킨다. 결국 모든 장치는 컴퓨터를 포함해 '연산 기계'며, 그런 점에서 '인공지능'이라는 것이다(Flusser, 1983: 31). 말하자면 장치는 문자적 사고(아날로그)를 숫자적 사고(디지털)에 종속시키는 거대한 패러다임 속에서 발명됐고, 그러한 경향은 과학 담론의 규범으로 작동해 왔다. 이유는 간단하다. 수는 무한하므로 세계의 모든 정보를 개별자로 변환해 축적하는 것이 가능하기 때문이다. 연산 기계(컴퓨터)의 정보 처리 속도가 빨라지면서 이제 모든 정보를 수로 환원할 수 있게 됐다. 장치의 궁극적 목표인 자동화는 이런 조건에서 가능하다. 비록 '아직은' 장치의 완전한 자동화가 실현되지 않았으나 장치 프로그램의 의도는 명확하다. 플루서가 장치 개념을 제안했던 시기는 자동화의 초기 단계였지만 이제 그 속도는 급속히 빨라지고 있다.

사진 이후 인공지능을 활용한 이미지 생성에서도 프

로그램의 논리는 똑같이 작동한다. 알고리즘의 생성 이미지 역시 장치 프로그램의 산물이기 때문이다. 예컨대 생성형 인공지능은 원하는 조건에 부합하는 이미지를 자동으로 산출하도록 '예정된' 프로그램이다. 실상 프로그램의 목적은 정보를 산출하는 데 있으며, 그것은 결국 인간의 의도에서 출발했다. 따라서 장치 프로그램이 생산한 정보는 포괄적인 의미에서 예측할 수 있다. 그것이 프로그램의 본래 의미다. 즉 프로그램의 모든 가능성은 인간의 '기획' 속에 이미 예정돼 있다. 여기서 핵심 쟁점은 프로그램이 인간의 명령 이상을 할 수 있느냐다. 대표적인 회의론자는 알고리즘과 컴퓨터 프로그램 분야의 선구자인 에이다 러브레이스(Ada Lovelace)다. 그녀에 따르면 컴퓨터는 어떤 새로운 정보도 창출할 수 없고 단지 인간이 수행하라고 명령하는 것만을 할 수 있다. 한편 앨런 튜링(Alan Turing)은 기계학습을 통해 컴퓨터가 그 이상의 작업을 수행할 수 있다고 제안하며 그녀의 주장에 이의를 제기한다. 예컨대 "혼자 힘으로 사고하라"는 명령을 기계가 충실히 수행한다면 학습의 토대가 될 수 있고 소위 '생각하는 기계'도 가능하다는 것이다(Turing, 1950). 결국 핵심은 프로그래밍에 달려 있다. 기계학습을 통해 인간의 사고를 모방하도록 프로그램하는 것이

가능하다면 상황은 달라질 수 있다.

실제로 이미 컴퓨터는 인간이 예측할 수 있는 것 이상을 수행하도록 프로그래밍되고 있다. 인공지능 분야의 개척자 마빈 민스키(Marvin Minsky)는 이런 프로그램의 종류를 다섯 가지로 구분한다(Minsky, 1960: 8). 러브레이스의 대전제에 따르자면 컴퓨터는 오직 명령받은 것만을 수행할 수 있으나 인간이 문제를 어떻게 해결해야 할지 정확히 알지 못할 때 컴퓨터가 검색(Search)을 대신하도록 프로그램할 수 있다. 이것이 첫 번째 프로그램이다. 그 명령에 따라 컴퓨터는 해답을 찾아 사이버 공간을 뒤진다. 둘째는 패턴 인식(Pattern-recognition)이다. 간단한 검색어만을 입력했을 때 컴퓨터는 유효하지 않은 대답을 포함해 '너무 많은' 불필요한 정보를 제공한다. 이때 패턴 인식은 적합한 대답만을 찾아내도록 컴퓨터의 선택을 제한할 수 있게 한다. 셋째는 학습(Learning)이다. 축적된 경험을 토대로 명령에 부합하는 검색을 할 수 있게 시행착오를 줄여 효율성을 극대화하는 방법이다. 넷째는 플래닝(Planning)이다. 현재 상황을 분석해 소량이지만 더 적합한 탐구로 원래의 검색을 대체함으로써 근본적인 개선책을 얻어 내는 방법이다. 마지막은 문제 해결을 위해 컴퓨터가 자신의 환경에 대한 모델들을 구축하는 단계, 즉 인덕션(Induction)이다.

민스키가 제시한 프로그램들은 분명 인간의 예측을 뛰어넘는 답을 내놓을 것이다. 그렇지 않다면 이런 종류의 프로그램이 필요 없을 것이기 때문이다. 나아가 더욱 고도화된 딥러닝 기술은 그 가능성을 더욱 높여 주고 있다. 결국 프로그램은 이미 예정된 정보를 자동으로 산출하는 사전 문자(pro-gram) 생성 시스템이나 다른 한편으로는 예측 불가능한 정보, 새로운 정보를 생성할 수 있는 시스템이기도 하다.

참고문헌

박평종(2018). "프로그램에서 포스트그램으로: 사진과 인공지능 예술의 근본 문제". ≪현대미술학논문집≫, 22권 1호, 107-130.

박평종(2019). "프로그램 미술의 논리와 한계: 계산된 창의성". ≪미학예술학연구≫, 57집, 331-360.

Bazin, A.(1945). "Ontologie de l'image photographique". *Qu'est-ce que le cinema?*. Cerf.

Flusser, V.(1983). *Towards a philosophy of photography.* Reaktion Books Ltd.

Minsky, M.(1960). Step Toward Artificial Intelligence. *IRE*, Oct, 24, 1960.

Turing, A.(1950). Computing machinery and intelligence(4-30). *Mind and Machines*, Prentice-Hall, 1964.

02
적대적생성신경망(GAN)

이미지 처리 분야에서 인공지능은 식별 모델과 생성 모델로 나뉜다. 적대적생성신경망은 이미지 생성 모델로, 이 분야에서 '게임 체인저' 역할을 했다. 사진과 구분하기 어려울 정도로 사실적인 이미지를 생성할 수 있기 때문이다. 이 모델은 내부에 생성자와 판별자의 대립구조를 끌어들여 진짜 같은 가짜 이미지를 생성한다. 여기에 활용된 핵심 기술과 원리를 살펴본다.

식별 모델

GAN은 사진과 시각적으로 구분하기 어려울 정도로 사실적인 이미지를 생성하는 데 최적화된 인공지능 알고리즘이다. 그런데 이미지를 생성하려면 우선 이미지를 식별할 수 있어야 한다. 수많은 다양한 이미지들 사이의 차이를 알 수 없다면 어떠한 과업도 수행할 수 없기 때문이다. 따라서 인공지능은 우선 이미지를 식별하고 분류하여 그 차이를 판별해 내야 한다. 식별이 생성의 전제 조건인 셈이다. 이미지를 식별하는 데 널리 사용되는 알고리즘은 인공신경망(Artificial Neural Networks)이다. 인공신경망은 사람의 뇌와 같은 생물학적 뉴런 구조를 모방한 '인공 뉴런' 네트워크로, 기본 구조는 입력층과 은닉층, 출력층으로 구성된다. 이미지 데이터를 입력하면 은닉층에서 식별을 진행해 출력으로 연결되는 구조다. 인공신경망은 레이블이 붙은 이미지 데이터를 학습한다. 이를 지도학습이라 부른다. 입력층과 출력층은 눈에 '보이는' 층이지만 계산이 이루어지는 은닉층은 보이지 않는다. 따라서 계산이 어떻게 진행되는지 확인할 수 없다. 초기의 인공신경망은 손 글씨나 저해상도 사진과 같은 단순 이미지는 잘 식별했으나 복잡한 특질을 지닌 이미지 식별에는 한계를 드러냈다. 이 문제를 해결한 식별 모델이 컨볼루션신경망(Convolutional Neural Network, 이하 CNN)으로, 내부에 수많은 은닉층을 추가해 식별력을 높인 모델이다.

생성자와 판별자

GAN은 생성 모델이지만 내부에 식별 모델을 끌어들여 생성자(Generator)와 판별자(Discriminator)의 적대적 구조를 통해 생성 능력을 극대화했다. 생성자는 학습 데이터의 분포, 요컨대 학습 이미지의 특질을 포착하며, 판별자는 학습 데이터로부터 생성된 샘플 데이터의 확률을 평가한다. 이를 풀어 설명하면 다음과 같다. 우선 생성자는 기계학습을 바탕으로 원본 데이터가 지닌 특질을 파악한 후 노이즈를 추가해 가짜 데이터를 생성한다. 노이즈는 손실함수에 따라 랜덤하게 추가된다. 판별자는 생성자가 임의로 산출한 데이터가 확률적으로 원본 데이터와 얼마나 비슷한지를 비교해 평가한다. 여기서 손실함수는 무한히 0으로 수렴하는 구조다. 왜냐하면 생성자는 원본과 구분할 수 없을 정도로 정교한 가짜 데이터를 산출하고자 하는데, 만약 입력값과 출력값이 같다면 학습한 원본 데이터와 생성 데이터에 차이가 없을 것이기 때문이다. 또한 양자의 편차가 클수록 생성 데이터는 학습 데이터와 큰 차이를 보일 터이므로 생성에 실패한 셈이 된다.

이 구조를 굿펠로는 위조지폐범과 경찰의 관계에 비유한다. 위조지폐범은 경찰의 눈을 속이기 위해 진짜와 구분이 어려울 만큼 그럴듯한 가짜를 생산하려 한다. 생성자의 목표 또한 학습한 데이터를 토대로 원본과 흡사한 가짜 데이터를 산출하는 데 있다. 여기서 두 모델 중 한쪽의 능력이 과도하게 뛰어나면 상대 모델의 능력이 발전할 수 없다. 만약 학습의 초기 단계에서 생성자가 산출하는 정보가 원본과 크게 다름에도 판별자가 진짜라고 판별한다면 생성자는 더 이상 발전하지 못한다. '대충' 생산해도 판별자의 눈을 속일 수 있기 때문이다. 반대로 판별자의 식별력이 한 단계 발전하면 생성자는 판별자를 속이기 위해 훨씬 그럴듯한 가짜를 만들어 내고자 할 것이다. 감식안이 뛰어난 경찰을 속이기 위해 위조지폐범들의 기술이 고도화되는 것과 같은 이치다. 따라서 판별자의 능력이 고도화됨에 따라 생성자의 능력도 함께 발전하며, 그 역도 마찬가지다. 즉 두 모델의 능력이 비슷해야 학습이 이루어질 수 있다. 양자의 능력이 균등한 상태로 학습이 진행되어야 생성 능력이 향상되는 것이다. 만약 한쪽이 다른 한쪽을 압도하면 학습의 불균형 때문에 원본과 흡사한 가짜 데이터가 나올 수 없다. 실상 생성자와 판별자는 '적대적' 구도를 취하고 있지만, 목표의 관점에서 보면 '협력하는' 관계이기도 하다. 판별자는 위조지폐범을 찾아내는 경찰의 역할보다는 오히려 생성자의 능력이 극대화될 수 있도록 훈련하는 교사의 역할을 하기 때문이다. 학생(생성자)이 제출한 답안(생성 데이터)을 검사하는 셈인데, 이 검사가 반복되는 과정에서 학생의 능력이 향상되는 셈이다.

사진 같은 이미지

생성자와 판별자 구조를 통해 GAN이 생성하는 이미지의 가장 중요한 특징은 원본 데이터와의 유사성에 있다. 요컨대 사진 데이터를 학습했을 경우 GAN은 시각적으로 사진과 다를 바 없는 이미지를 생성한다. 굿펠로는 GAN이 지닌 다른 생성 모델들과의 차별성을 바로 이 점으로 규정하며, 그 방법을 '최대 가능도 추산법(Maximum Likelihood Estimation, 이하 MLE)'으로 설명한다. 최대 가능도 원리의 핵심 아이디어는 학습 데이터의 가능도(Likelihood)를 극대화하도록 변수를 선택하는 데 있다. 요컨대 발생 확률이 가장 높은 데이터의 확률 분포를 추산하는 방법이다. GAN의 경우 가능도는 생성 데이터가 학습 데이터와 얼마나 유사한지 가늠하는 지표라고 할 수 있다. 여기서 가능도가 높을수록 생성 데이터는 학습 데이터에 가까워진다. MLE는 원본 데이터와 가장 근사치에 가까운 확률 분포를 추산하는 함수로, 이 방법을 통해 생성된 데이터는 학습 데이터와 대단히 유사하다고 할 수 있다.

굿펠로는 GAN이 정교하게 이미지를 생성할 수 있는 또 다른 요소를 심층 컨볼루션(Deep Convolution) 구조에서 찾는다. 2014년 GAN의 원리가 처음 발표되었을 때만 해도 GAN의 생성 능력은 그리 뛰어나지 못했다. 즉 생성자와 판별자의 불균형으로 학습이 불안정할 뿐만 아니라 이미지 데이터의 모든 특질을 정교하게 학습하지 못해 생성 능력에서 뚜렷한 한계를 안고 있었다. 이 문제를 해결하기 위해 개발된 모델이 DCGAN(Deep Convolutional GAN)이다. DCGAN은 특정한 과업을 수행하기 위한 생성 모델이라기보다는 이미지의 품질 향상을 위한 보편 기술, 즉 개량된 구조에 가깝다. 따라서 심층 컨볼루션 GAN이라는 명칭은 이 생성 모델이 취하고 있는 구조의 스타일을 가리킨다. 실상 컨볼루션층은 식별을 위해 개발된 모델이며, 레이블링 데이터를 학습하는 지도학습 방식을 취하고 있다. DCGAN의 개발자들은 CNN의 지도학습 방식을 GAN에도 적용할 수 있다고 보았다. GAN에 적용된 컨볼루션 구조의 특징 중 '배치 정상화(Batch Normalization)'가 가장 중요한 요소다. 요컨대 생성자와 판별자 모두 모든 레이어에서 배치 정상화 층을 사용한다는 것이다.

배치는 이미지의 학습 단위를 가리킨다. 컴퓨터의 용량과 속도 문제 때문에 이미지 전체를 한꺼번에 학습할 수 없으므로 부분으로 나누어 학습이 진행되는데, 배치는 결국 소규모로 쪼개진 이미지의 일부인 셈이다. 따라서 실제 기계학습에 사용되는 이미지는 '미니 배치(Minibatch)'로 불린다. 예컨대 고양이 사진을 학습할 때 각각의 배치는 고양이의 눈, 코, 귀를 비롯해 수염, 꼬리, 나아가 주변 배경의 일부 등으로 나뉜다. 문제는 배치별로 나누어 학습을 진행했을 때 특정 부분의 특질을 고양이 전체의 특질로 파악할 수 있다는 점이다. 어떤 배치는 눈의 특징만을, 다른 배치는 꼬리의 특징만을 나타내기 때문이다. 따라서 배치별 편차에 따라 학습이 균일하지 않아 엉뚱한 결과가 나올 가능성이 높다. 당연히 은닉층이 많을수록 학습이 왜곡될 개연성도 커진다. 학습을 진행할수록 편향된 방향으로 흘러가는 셈이다. 이를 과적합(Overfitting)이라 부른다. 이 경우 학습을 일반화할 수 없어 생성자는 특정 부분을 과장하는 등 엉뚱한 이미지를 생성할 공산이 크다. 배치 정상화는 이 문제를 해결하기 위해 학습을 진행하는 과정에서 레이어마다 모든 배치의 평균값을 입력해 배치별 편차를 줄이는 방법이다.

참고문헌

박평종(2021a). "인공지능 기반 이미지 생성 알고리즘과 사진". ≪미학예술학연구≫, 62집, 198-222.

박평종(2021b). "계산 이미지의 탄생: 장치에서 알고리즘으로". ≪AURA≫, 46호, 18-32.

Goodfellow, I., et al.(2014). Generative Adversarial Nets. arXiv:1406.266.1v1, 10 Jun 2014.

Goodfellow, I.(2017). NIPS 2016 Tutorial: Generative Adversarial Networks.2 arXiv:1701.00160v4 [cs.LG] 3 Apr 2017.

03
사진을 향하여

인공지능이 사진 같은 사실적인 이미지를 생성하기 위해서는 고해상도 이미지를 합성해야 한다. 기계학습에 활용된 원본 사진과 비슷해야 하기 때문이다. GAN은 다양한 기술 개선을 통해 '그림 같은' 이미지에서 '사진 같은' 이미지로 생성을 진행했다. 그 결과 카메라 없이도 '포토 리얼리즘'을 완성하게 됐다. 인공지능의 생성 이미지는 이제 사진과 시각적으로 다를 바 없다.

그림 같은 이미지에서 사진 같은 이미지로

손과 도구, 카메라가 주도해 왔던 이미지 생산 방식이 알고리즘으로 대체되면서 해결해야 할 선결 과제는 생성 이미지의 품질을 높이는 문제였다. 초기의 인공신경망은 고해상도 이미지의 구체적인 특질은 인식하지 못했으나 CNN은 이 문제를 극복했다. 생성 모델에서도 같은 문제가 제기됐다. 초기의 GAN은 쉽고 빠르게 이미지를 생성했으나 품질이 낮았으며, 특히 사진 같은 고해상도 이미지 생성에는 번번이 실패했다. 따라서 이미지의 품질, 즉 해상도를 높이는 문제는 모든 유형의 GAN에게 중요한 사안이다. 해상도가 낮다면 확대했을 때 픽셀의 형태가 깨져 사실적인 이미지를 얻어 낼 수 없기 때문이다. 결국 원본 사진과 유사한 이미지를 얻기 위해서는 해상도가 높은 사진을 학습해야 한다. 그런데 초기의 GAN에서 해상도가 낮은 사진의 학습은 상대적으로 수월했으나 고해상도의 사진에서는 학습이 제대로 진행되지 않아 생성자는 고해상도의 '사실적' 이미지를 생성하지 못했다. 이후 기술 개선을 통해 고해상도 이미지 생성에 성공한 여러 모델 중에서 SRGAN과 ProGAN은 이 분야에서 가장 중요한 모델로 꼽힌다.

SRGAN은 명칭(Super-Resolution)이 말해 주듯 GAN

을 활용해 '사진 같은(photo-realistic)' 고해상도 이미지 생성에 성공한 모델이다. 방법은 일반적인 사진의 경우와 크게 다르다. 고해상도 이미지를 얻어 내기 위해서는 사진의 경우 조건이 결정되어 있다. 우선 감광판의 규모가 중요하다. 요컨대 아날로그 사진에서는 감광판이 크고 은 입자의 양이 많아야 하며, 디지털 사진에서는 화소 수가 많아야 한다. 그런데 SRGAN은 전혀 다른 방법으로 문제를 해결했다. 고해상도 이미지를 얻기 위해 기존 생성 모델들은 CNN을 활용해 왔는데, 미세한 텍스처를 제대로 표현하지 못하는 한계를 드러냈다. 이유는 이 모델들이 목적함수로 평균제곱오차(Mean Squared Error) 방식을 채택하기 때문이다. 목적함수의 목표는 원본 데이터와 생성 데이터 사이의 편차를 줄이는 데 있다. 요컨대 최대 가능도 추산법(MLE)을 통해 손실을 최소화하려 한다. MSE는 데이터를 구성하는 픽셀들의 평균값을 계산하는 함수로, 원본에 대한 생성 이미지의 손실 비율을 줄여 고화질 이미지를 얻어 낼 수 있다. 그런데 이렇게 하더라도 실제 인간은 이를 고화질 이미지로 지각하지 않는다. SRGAN 개발자들은 실험을 통해 MSE 방식으로 손실을 줄인 이미지가 인간의 눈에는 고화질로 지각되지 않는다는 사실을 구체적인 사례를 통해 입증했다

(Ledig et al., 2017: 1~2). 그 이유는 MSE가 본질적으로 인접 픽셀들의 평균값을 연산함으로써 수많은 픽셀로 구성된 디테일을 너무 '부드럽게' 표현하기 때문이다. 선예도가 떨어져 마치 그림처럼 보이는 것이다. 이 문제를 해결하기 위해 개발자들은 GAN의 기본 구조를 도입하는 한편 새로운 손실함수를 활용했다. 함수가 계산한 수치와 인간의 시지각 경험 간의 편차를 줄이기 위해 적용한 방법은 '지각 손실함수(Perceptual Loss Function)'로, 핵심 원리는 MSE가 계산하는 픽셀 간의 유사성을 시지각적 유사성으로 대체하는 데 있다. 목표는 MSE가 평균값을 통해 발생시키는 디테일의 손실을 최소화하는 것이다. 이 방법으로 SRGAN은 시각적으로 사진 같은 고해상도 이미지를 생성할 수 있었다.

포토 리얼리즘을 추구하다

SRGAN에 이어 나온 ProGAN 역시 독자적인 방법으로 고해상도 이미지 생성 과업을 성공리에 완수한 모델이다. ProGAN은 인공지능 연구에서 가장 혁신적인 시도를 거듭해 온 엔비디아(Nvidia)에서 개발한 모델로, 1024×1024 픽셀의 고해상도 이미지를 생성해 주목받았다. 이 생성 모델의 원리를 한마디로 표현하면 '점진적 성장(Progressive growing, 이하 PG)'이다. GAN의 생성 능력이 발전하기 위해서는 생성자와 판별자의 균형이 중요하다. 그런데 학습 과정에서 GAN은 복잡한 특질을 보유하고 있지 않은 저해상도 이미지를 쉽게 처리할 수 있다. 따라서 생성자와 판별자가 균형을 유지하며 성장하기 위해서는 저해상도에서 고해상도로 '천천히' 학습을 진행하는 편이 유리하다. ProGAN이 채택한 기계학습 방법이 그것이다. 개발자들은 우선 4×4픽셀의 이미지를 학습시키는 데서 시작해서 8×8픽셀, 다시 16×16픽셀 등으로 점차 단위를 높여 나갔다. 전 단계의 학습이 완료되면 새로운 레이어를 추가해 학습의 안정성을 확보하는 방법인데, 여기서 학습이 완료된 전 단계의 레이어는 다음 단계의 학습 데이터로 제공된다. 레이어 추가는 갑작스러운 충격을 방지하기 위해 '부드럽게(smoothly)' 진행되며, 이 방식은 안정성과 생성 속도의 측면에서 대단히 유리하다고 개발자들은 주장한다. 결국 ProGAN은 4×4픽셀에서 시작해 1024×1024픽셀까지 학습을 진행해 고해상도 이미지 생성을 완료한다. ProGAN이 학습한 데이터셋은 20만 장 이상의 기념사진으로 구성된 사진 데이터베이스 CelebA이다. 개발자들은 이 데이터를 바탕으로 1024×1024픽셀 이미지 약 3만 장을 생성해 CelebA

의 고품질 버전이라 부르며 CelebA-HQ 데이터셋이라는 이름을 붙였다(Karras et al., 2018: 3). 기존 생성 모델의 생성 능력이 보통 128×128이나 256×256픽셀 정도였던 것에 비하면 놀라운 결과다. 시각적으로도 차이는 확연하다. 저해상도 생성 이미지의 경우 인물의 얼굴 디테일이 흐리거나 경계가 뚜렷하지 않아 추상화처럼 보이지만 ProGAN의 고해상도 이미지는 사진과 다를 바 없어 보인다.

ProGAN의 성능은 IS(Inception Score) 수치에서도 확인된다. 실상 ProGAN이 생성한 이미지는 원본 사진과 구분이 어려울 정도로 놀라운 유사성을 보인다. 그런데 유사성은 사람의 '주관적' 판단에 따르므로 생성 모델의 '성능'을 평가하는 객관적 척도가 될 수 없다. IS는 GAN의 성능을 '수학적으로' 측정하기 위해 고안된 지표로, FID(Fréchet Inception Distance)와 더불어 생성 이미지의 성능을 수학적으로 계산하는 가장 보편적인 측정 방법으로 쓰인다. 생성 이미지의 데이터 분포를 계산해 원본 이미지에 대한 충실도(fidelity)와 다양성(variety)을 평가하는 것이다. ProGAN이 학습한 또 다른 데이터셋은 Cifar10인데, 이 데이터셋은 각종 물건이나 동식물, 건물, 풍경 등을 촬영한 32×32비트 컬러사진 6만 장으로 구성돼 있다. 이 데이터셋을 바탕으로 ProGAN이 생성한 이미지는 IS 지표 8.80을 얻었는데, 이는 기존의 다른 생성 모델들과 비교할 때 가장 높은 수치다. 이런 결과를 두고 개발자들은 ProGAN이 고품질 이미지 생성 능력과 학습의 안정성 측면에서 진보를 이루었다고 평가하면서도 아직 진정한 포토 리얼리즘으로 가는 길은 멀다고 덧붙인다. 다만 이미지의 미시적 구조를 개선할 확실한 가능성을 CelebA-HQ에서 보았다며 ProGAN의 성과를 높이 평가한다(Karras et al., 2018: 9).

실제로 이후에 개발된 후속 생성 모델 중에는 IS 지표에서 ProGAN을 능가하는 GAN이 속속 발표된 바 있다. 가장 고품질 이미지를 생성하는 모델은 BigGAN으로 데이터의 배치 크기를 대폭 늘려 학습을 진행하는 방법을 사용했다. 기존 GAN은 속도와 용량의 문제 때문에 미니배치를 사용할 수밖에 없었으나 BigGAN은 학습의 한계를 극복하는 여러 다양한 기술들을 활용해 대규모 배치로 학습을 진행하는 데 성공했다. 기존 GAN에 비해 8배나 큰 배치가 사용됐다. 그 결과 256×256 픽셀에서는 IS 수치 232.5, 512×512 픽셀에서는 IS 241.5를 기록해 다른 생성 모델들보다 3배 이상 높은 결과를 보여 주었다 (Brock et al., 2019: 2). 이런 성능 때문에 GAN을 활용해 생성 이미지를 서비스하는 플랫폼들은 대부분 BigGAN을 활용하고 있다.

참고문헌

박평종(2021a). "인공지능 기반 이미지 생성 알고리즘과 사진". ≪미학예술학연구≫, 62집, 198-222.

박평종(2021b). "계산 이미지의 탄생: 장치에서 알고리즘으로". ≪AURA≫, 46호, 18-32.

Brock, A., et al. (2019), "Large Scale GAN Training for Hige Fidelity Natural Image Synthesis", arXiv:1809.11096v2 [cs.LG], 25 Feb 2019.

Karras, T., et al.(2018). Progressive Growing of GANs for improved quality, stability, and variation. arXiv:1710.10196v3, 26 Feb 2018.

Ledig, C., et al.(2017). Photo-Realistic single image Super-Resolution using a Generative Adversarial Network. arXiv:1609.04802v5, 25 May 2017.

04
이미지 변환

GAN은 사실적인 이미지 생성에 성공한 이후 다양한 과업을 수행하는 다른 모델들로 분화했다. 후속 모델들은 흑백사진을 컬러사진으로 바꾸기도 하고, 그림을 사진으로 바꾸기도 한다. 사진을 특정 화가의 화풍에 부합하는 그림으로 바꿀 수도 있다. 나아가 사람의 얼굴에서 성별, 나이, 머리카락 색깔, 표정까지도 변환시킬 수 있으며, 이미지의 구체적 특질도 바꿀 수 있다.

흑백사진을 컬러사진으로, 그림을 사진으로

GAN이 사진 같은 고해상도 이미지 생성에 성공한 후 수많은 다양한 과업을 수행하는 알고리즘이 속속 개발됐다. 대표적인 과업이 이미지 치환이다. 예컨대 흑백사진을 컬러사진으로, 엣지맵(그래픽) 이미지를 비트맵(사진) 이미지로 변환시키는 일종의 이미지 번역이라 할 수 있다. 마치 한국어를 영어나 프랑스어로 번역하듯이 말이다. 충분한 학습 데이터가 있을 때 자동번역기의 번역 능력이 향상된다는 점에서 이미지 치환 모델도 방대한 이미지 데이터베이스를 토대로 그 능력이 고도화됐다. 원리는 짝을 이루는 두 이미지를 상호 치환이 가능하도록 학습시키는 것이다. 여기에 활용된 알고리즘이 CGAN(Conditional GAN)이다. 실상 GAN의 생성자가 입력 데이터에 변수를 추가해 가짜 데이터를 산출할 때 생성자의 출력 방향을 통제할 수 없다. 어떤 이미지가 나올지 알 수 없는 것이다. 이미지 변환의 경우, 예를 들어 흑백사진을 그와 같은 형태의 컬러사진으로 치환하려면 형태를 제어해야 한다. CGAN은 잠재 변수(z)에 조건(y)을 추가함으로써 원하는 방향의 이미지 생성이 이루어지도록 고안한 모델이다. 흑백사진을 컬러사진으로 치환할 때 CGAN은 두 유형의 이미지를 모두 학습하며, 조건으로는 같은 형태를 지정한다. 영어와 프랑스어의 상호 번역을 위해서는 두 언어의 문법을 모두 학습해야 하듯이 말이다. Pix2Pix를 비롯해 CycleGAN, DiscoGAN 등 이미지 치환 모델은 모두 CGAN의 원리를 활용한다.

한편 구조가 다르거나 불규칙한 이미지의 변환은 쉽지 않다. 짝을 이루는 두 이미지의 상호 변환은 상대적으로 간단하나 짝이 없는 이미지의 경우 그에 상응하는 이미지를 만들기는 어렵다는 뜻이다. 즉 사과 사진을 오렌지 사진으로 바꾸거나 말 사진을 얼룩말 사진으로 변환하는 과업, 나아가 그림을 사진으로, 반대로 사진을 그림으로 변환하는 것은 다른 차원의 문제다. 이 과업을 해결한 알고리즘이 CycleGAN이다. 개발자들은 논문에서 이 문제에 대한 아이디어를 다음과 같이 설명한다. 만약 1873년 화창한 어느 봄날 모네가 아르장퇴유(Argenteuille) 부근의 센 강변에 이젤을 놓고 앉아 있었다면 풍경은 그에게 마치 한 장의 컬러사진처럼 펼쳐졌을 테고 그는 그 '사진'을 자신의 화풍에 따라 그려 나갔을 거라고 가정할 수 있다는 것이다(Zhu et al., 2018: 1). 우리가 사진과 그림이 지닌 스타일의 차이를 알고 있는 한 사진이 그림으로 '번역'되더라도 양자가 왜 같은 장면을 재현하고 있는지 알 수 있다는 논리다.

이런 가설에 따라 어떤 사진을 모네 풍의 그림으로 변환하고자 할 때 봉착하는 난관은 그에 대응하는 모네의 그림이 없다는 점이다. 말 사진을 얼룩말 사진으로 변환하고자 할 때도 정확히 같은 자세를 취한 얼룩말 사진이 없다면 변환은 쉽지 않다. 이 문제를 해결하기 위해 CycleGAN은 생성자와 판별자를 순환 구조로 바꾼다. 일반적인 GAN과 달리 CycleGAN은 두 개의 생성자/판별자를 사용하는 것이다. 입력값에 대응하는 출력값을 결과물로 산출할 때 출력값은 원본과 짝을 이루지 않을 수 있다. 즉 앞에서 예로 든 모네의 경우 입력한 사진과 같은 장면의 모네 그림이 나오지 않을 확률이 높다. 결국 CycleGAN은 역방향으로 생성과 판별을 진행하는 또 다른 GAN 구조를 추가한다. 요컨대 하나의 생성자/판별자는 그림을 사진으로, 다른 생성자/판별자는 사진을 그림으로 변환하는 학습을 무수히 반복하는 구조다. 즉 순환 구조를 통해 두 이미지가 짝을 이룰 수 있도록 학습을 진행해 근사치를 얻어 내는 방법이다. 학습이 성공적으로 진행되어 나온 결과물은 매우 다양하다. CycleGAN은 말을 얼룩말로, 겨울 풍경을 여름 풍경으로, 평범한 풍경 사진을 모네, 고흐, 세잔 풍 그림으로 변환시키는 것은 물론이고, 사과를 오렌지로, 강아지를 고양이로 바꾸는 과업까지도 성공적으로 수행했다.

이미지 속성 변환

이미지 변환 기술에 또 다른 진보를 가져온 알고리즘이 StarGAN이다. 이 모델은 Pix2Pix나 CycleGAN과 달리 이미지를 구성하는 구체적인 특성들까지 바꿀 수 있다. 본래 한 장의 이미지를 구성하는 요소는 도메인과 속성으로 구분된다. 도메인은 같은 속성을 공유하는 이미지의 집합이다. 예컨대 여성의 이미지나 남성의 이미지는 도메인에 해당하며, 금발이나 흑발과 같은 구체적인 머리카락 색깔은 속성에 해당한다. 따라서 여러 속성들의 집합은 도메인이 될 수 있다. 개별과 보편의 차이라 할 수 있겠다. Pix2Pix나 CycleGAN은 도메인 대 도메인 변환이며, 입력된 이미지의 속성, 즉 구체적 특질을 바꾸지는 못한다. 한편 StarGAN은 하나의 도메인 내부에서 여러 속성을 변환시키는 알고리즘으로, 예컨대 인물의 머리카락 색깔이나 피부색, 나아가 나이와 성별, 표정까지 바꾼다. 요컨대 도메인과 속성 모두를 바꿀 수 있다(Choi, 2018: 1~2).

StarGAN은 한 장의 사진에서 여러 가지 속성을 비롯해 복수의 도메인까지도 바꿀 수 있다. 이를 위해 StarGAN

은 생성자에게 원본 데이터의 속성뿐만 아니라 도메인 정보도 함께 학습하도록 했다. 여기서 생성자가 학습한 도메인 정보는 하나가 아니라 여럿이다. 이는 컴퓨터가 도메인 간의 차이를 스스로 구분할 수 없기 때문이다. 요컨대 어떤 데이터가 머리 색깔에 해당하는지, 성별에 해당하는지 모른다는 것이다. 따라서 본래 GAN은 비지도 학습의 원리를 따르나 StarGAN이 도메인 정보를 학습할 때는 지도학습 방식을 취한다. 즉 도메인의 레이블 정보를 함께 입력한다는 뜻이다. StarGAN이 활용한 학습 데이터는 CelebA와 RaFD로, 각 데이터셋에는 도메인 레이블이 있다. 예를 들면 한 인물 사진에 대한 레이블은 검은 머리카락, 남성, 흰 피부 등이거나 감정 상태를 규정한 '행복한', '화난', '두려운' 등이다. 생성자는 결국 입력 데이터로부터 이미지 속성과 도메인을 함께 학습해 손실함수를 적용하여 가짜 데이터를 계속해서 산출한다. 이때 발생할 수 있는 문제는 정확히 목표로 하는 도메인의 변화가 나오지 않을 수 있다는 점이다. 왜냐하면 각 데이터셋마다 붙어 있는 도메인 레이블에는 차이가 있으며, 또 어떤 도메인 정보는 빠져 있기 때문이다. 예컨대 CelebA에는 성별, 머리카락 색, 나이 등의 도메인 정보가 표기돼 있지만, RaFD에는 감정 도메인 정보만

기록돼 있다. 결국 개발자들은 데이터 입력 시 알 수 없는 레이블은 무시하고 명확한 데이터셋의 레이블 정보만을 학습시키는 방법을 택했다. 이처럼 복수의 도메인 정보를 교차 학습해 StarGAN은 한 인물의 얼굴 사진으로부터 머리카락 색, 성별, 나이, 피부색을 변환시키는 데 성공했다. 나아가 인물의 표정까지도 바꾸는 놀라운 결과를 얻어 냈다.

텍스처 합성

GAN은 텍스처를 합성할 수도 있다. MGAN(Markovian GAN)과 SGAN(Spatial GAN), PSGAN(Periodic Spatial GAN) 등이 여기에 속한다. 텍스처는 이미지의 세부 정보를 구성하는 중요한 요소로, 이미지 생성 모델이 해결해야 할 핵심 과업 중의 하나다. 텍스처는 "불규칙한 반복적 패턴을 포함하고 있는 이미지"로 정의될 수 있으며, 텍스처 분석을 통한 합성의 목표는 "학습용 샘플 텍스처로부터 새로운 샘플 텍스처를 임의로 생성"하는 데 있다(Jetchev et al., 2017: 1). MGAN은 이미지를 패치(Patch)로 분할하고 패치별 픽셀값의 통계를 포착해 이미지의 부분적인 특성을 합성한다. 한편 PSGAN은 벌집이나 생선 비늘처럼 주기성을 가진 텍스처 합성에 특히 뛰어난 성능을 보여 주었다(Bergmann et al., 2017).

참고문헌

박평종(2021a). "인공지능 기반 이미지 생성 알고리즘과 사진". ≪미학예술학연구≫, 62집, 198-222.

박평종(2021b). "계산 이미지의 탄생: 장치에서 알고리즘으로". ≪AURA≫, 46호, 18-32.

Bergmann, U., et al. (2017). "Learning Texture Manifolds with the Periodic Spatial GAN". arXiv:1705.06566v2 [cs.CV], 8 Sep 2017.

Choi, Y., et al.(2018). StarGAN: Unified Generative Adversarial Networks for Multi-Domain Image-to-Image Translation, arXiv:1711.09020v3, 21 Sep 2018.

Isola, P., et al.(2018). Image-to-Image Translation with Conditional Adversarial Networks. arXiv:1611.07004v3, 26 Nov 2018.

Jetchev, N., et al.(2017). Texture Synthesis with Spatial Generative Adversarial Networks. arXiv:11611.08207v4 [cs.CV], 8 Sep 2017.

Zhu, J.-Y., et al. (2018). "Unpaired Image-to-Image Translation using Cycle-Consistent Adversarial Networks". arXiv:1703.10593v6, 15 Nov 2018.

05
스타일 합성

수많은 GAN의 후속 모델 중 가장 널리 활용되는 모델은 StyleGAN이다. 이 모델은 학습 데이터로 활용된 사진들의 평균값을 구해 합성 과정에서 스타일을 부여하는 방법으로 이미지를 생성한다. StyleGAN은 다양한 기술 요소를 동원해 진정한 '포토 리얼리즘'을 향해 가고 있다. 오리지널 모델의 오류를 보완한 StyleGAN2, StyleGAN3까지 나와 있으며, 다양한 이미지 생성 플랫폼이 이 알고리즘을 사용한다.

StyleGAN의 포토리얼리즘

GAN은 꾸준한 기술 개선을 통해 다양한 과업을 수행하는 알고리즘으로 분화했다. 그중에서 가장 널리 활용되는 모델은 StyleGAN이다. 이 알고리즘은 2018년에 엔비디아에서 개발해 2019년 소스를 공개한 이후 개선을 거듭해 왔다. 초기 모델을 개량한 StyleGAN2가 2019년에 발표됐고, 이듬해인 2020년에는 StyleGAN2-ADA가 발표됐으며, 다시 2021년에 StyleGAN3가 발표됐다. 오리지널 모델의 구조와 원리를 유지하면서도 꾸준한 기술 개선을 통해 생성 능력과 품질을 높여 왔다는 뜻이다. 다시 말하자면 StyleGAN은 완성형이 아니라 여전히 각종 문제점과 한계를 갖고 있으며, '진정한 포토리얼리즘'을 향해 가고 있는 생성 모델이라 할 수 있다.

실상 StyleGAN은 ProGAN의 개발자들이 만든 후속 모델이어서 생성자를 제외하면 기본 구조는 거의 같다. 다만 StyleGAN은 여기에 기존의 다른 생성 모델이 활용해 오던 스타일 트랜스퍼 원리를 추가했다. StyleGAN의 개발자들은 GAN의 발전에도 불구하고 생성자가 여전히 블랙박스처럼 작동하고 있어 이미지 합성 과정에 대한 이해가 부족하다고 지적한다. 의도하는 방향으로 이미지 생성을 통제하기 어려워 인물의 성별이나 나이 등을 조절할 수 없다는 것이다. 예컨대 ProGAN은 저해상도에서 고해상도로 '점진적 성장' 방식으로 이미지를 생성하므로 학습은 안정적이지만 세부적인 속성을 조절하지 못할 뿐만 아니라 부자연스러운 이미지를 생성하는 등의 한계를 갖고 있다. 기존 생성 모델의 경우 만약 학습 데이터에 검은 머리카락의 인물이 대다수라면 생성 이미지에서 인물은 검은 머리로만 표현되어 금발 머리로 합성하기가 어려웠다. 이는 인풋 데이터로부터 직접 생성을 진행하기 때문이다. 이것이 얽힘(entanglement) 현상으로, StyleGAN은 완벽하진 않더라도 이미지의 특질을 분리하는 방법으로 이 문제를 해결하고자 했다. 즉 인풋 데이터의 고정된 확률 분포를 따르지 않도록 분포를 미리 변환한 후 생성을 진행했다.

다음으로 StyleGAN의 구조에서 중요한 요소는 스타일의 합성 방법에 있다. StyleGAN은 저해상도에서 고해상도로 레이어를 추가해 가며 합성을 진행한다. 요컨대 4×4에서 8×8픽셀의 저해상도 단계서는 얼굴 형태나 피부 색깔, 성별 등과 같은 기본 속성을 합성하고, 16×16에서 32×32픽셀의 단계에서는 좀 더 구체적인 특질을, 64×64에서 1024×1024픽셀의 고해상도 단계에서는 눈동자 색이나 머리카락 색을 비롯해 기타 미세한 특질들을 합성한다. 최종 품질은 ProGAN의 해상도와 같은 1024×1024픽셀이다. 각 레이어에서 스타일을 입히는 방법은 AdaIN(Adaptive Instance Normalization)이다. 이 방법은 기존 스타일 트랜스퍼에서 보편적으로 사용되며, StyleGAN에서는 레이어가 추가될 때마다 계속 반복된다. 배치 정상화와 유사한 방법으로, 학습 데이터로 사용된 배치의 평균치를 구해 이미지의 특질을 표준화시킨다고 할 수 있다(Karras et al., 2019: 3). 이는 각각의 배치가 지닌 편차를 줄이고 학습 데이터 전체의 공통분모를 찾아내어 시각화하는 방법이기도 하다. 특정 레이어에서 합성된 스타일은 다음 단계의 레이어에 영향을 미치고, 거기서 부여된 새로운 스타일은 전 단계의 스타일과 섞이게 된다. 결국 저해상도 단계에서 합성된 스타일은 최종적인 고해상도 이미지에도 남게 되어 학습 데이터의 전체 스타일을 고르게 유지할 수 있다.

노이즈의 역할

그 외에도 StyleGAN의 이미지 품질을 높여 주는 중요한 기술이 확률변수(Stochastic variation)의 활용이다. 개발자들에 따르면 사람의 얼굴에는 흐트러진 머리카락이나 까칠한 수염, 주근깨, 피부 모공 등 누구에게는 있고 누구에게는 없는 확률적 요소들이 존재한다. 따라서 이 요소들이 비정상적으로 배치되지 않고 정확하게만 분포되면 이미지의 사실성을 높일 수 있다는 것이다(Karras et al., 2019: 5). 확률변수의 처리는 노이즈의 추가로 진행된다. 기존 방법과 달리 StyleGAN은 저해상도에서 고해상도로 합성을 진행하는 모든 단계에서 노이즈를 추가한다. 각 레이어마다 노이즈가 나타내는 시각적 효과에는 편차가 있다. 저해상도 레이어에서는 예컨대 머리카락의 컬링 효과가 거대해지고 고해상도 레이어에서는 미세해진다. 개발자들은 실험을 통해 저해상도에서만 노이즈를 추가한 경우와 고해상도에서만 추가한 경우, 모든 레이어에서 노이즈를 추가한 경우, 전혀 노이즈를 추가하지 않은 경우를 비교하면서 그 차이를 설명한다. 그 결과 어떠한 노이즈도 추가하지 않았을 때 이미지는 별 특징 없이 그림처럼 보이고, 모든 레이어에서 노이즈를 추가했을 때 가장 사실적인 효과를 보인다고 주장한다. 한편 저해상도와 고해상도 단계에서만 노이즈를 추가하면 특정 요소가 과장되어 부자연스러운 특질을 보인다.

StyleGAN이 새롭게 추가한 또 하나의 핵심 기술은 스타일 혼합이다. 이 방법은 두 가지 다른 학습 데이터의 스타일을 섞는 것이다. 예컨대 소스 A의 인물들과 소스 B의 인물들이 지닌 서로 다른 특질들을 합성해 각각의 소스가 지닌 스타일을 생성 이미지에 부여하는 방법이라 할 수 있다. 이를 통해 생성된 이미지는 본래 소스에서 찾아볼 수 없는 새로운 스타일을 지니게 된다. 이 역시 저해상도에서 고해상도로 차근차근 혼합을 진행한다. 실험 결과 저해상도에서 입력한 스타일의 영향이 고해상도의 스타일에 비해 시각적으로 두드러지게 나타났다. 저해상도의 스타일에서는 포즈와 성별, 나이, 얼굴 형태, 안경 착용 여부를 그대로 유지했고, 고해상도에서는 색채와 미시적 특질들을 유지했다.

위의 몇 가지 방법을 통해 생성한 이미지를 개발자들은 FFHQ(Flikr-Face-HQ) 데이터셋으로 제시했다. 이 데이터셋은 1024×1024픽셀의 고해상도 사람 얼굴 이미지 7만 장으로 구성되었으며, ProGAN의 CelebA-HQ보다 훨씬 다양한 연령대와 인종을 포함하고 있다. 정리하자면 StyleGAN이 기존 GAN에 비해 생성 모델로서 거둔 성과는 첫째, 스타일 합성을 위한 새로운 생성자 모델을 제시했다는 점, 둘째, 이를 통한 이미지의 특질 조절을 가능하게 했다는 점이다.

한계와 기술 개선

그러나 이런 주목할 만한 성과에도 불구하고 StyleGAN은 구조적 문제점을 갖고 있었다. StyleGAN2를 개발한 이유는 그 때문이다. StyleGAN의 문제점은 크게 둘이다. 첫째는 이미지에 나타나는 물방울 모양의 얼룩, 둘째는 고해상도 이미지로 합성을 진행하는 과정에서 나타나는 얼굴 구성 요소들의 불일치 현상이다. 첫째 문제는 눈에 거슬리는 노이즈와 연관되고, 둘째 문제는 이미지의 부자연스러움과 관계한다. 우선 물방울 얼룩은 항상 발생하지는 않지만 64×64픽셀의 해상도에서 생겨나 1024×1024의 고해상도 단계까지 지속해서 따라오는 고질적 문제였다. StyleGAN은 ProGAN의 구조를 따르고 있어 저해상도에서 고해상도로 학습을 진행하는 과정에서 매번 새로운 생성자/판별자를 추가한다. 그런데 한번 발생한 물방울은 생성자/판별자 구조를 바꾸더라도 사라지지 않았으며 심지어 고해상도 단계로 나아가면서 한층 강력해졌다. 요컨대 물방울은 생성자 네트워크 내부의 시스템 문제로, 일시적인 오류로 볼 수 없었다. 판별자가 이 오류를 걸러 내지 못하는 이상 구조 결함이라는 것이다.

둘째는 얼굴 전체와 부분의 불일치로 인한 부자연스

러움이다. 이 문제는 StyleGAN이 ProGAN의 구조에서 가져온 '점진적 성장' 방식 때문에 발생한다는 사실이 확인됐다. 예컨대 정면 얼굴 사진에서 약간 측면 얼굴 사진을 합성했을 때 치아의 형태가 바뀌어야 하는데 정면 사진의 형태를 그대로 유지함으로써 부자연스러운 이미지가 생성되곤 했다. 포즈가 달라짐에도 부분적 요소는 변하지 않는 셈이다. 이런 문제가 발생하는 이유는 이미지의 특질이 저해상도에서 고해상도로 전파될 때 발생 빈도가 높은 디테일에 집중하기 때문임이 드러났다(Karras et al., 2020: 6). StyleGAN은 각 레이어에서 새로운 생성자/판별자를 추가해 가면서 학습을 진행하는데, 저해상도 레이어에서 빈번히 나타나는 특질은 고해상도 레이어에서도 '거의' 불변의 요소처럼 고정되어 버리는 셈이다. 예컨대 정면 사진에서 입술의 중앙 부분은 측면 사진에서도 제 위치를 고수하며, 이 특질은 이미 저해상도 레이어에서 고정된 채 고해상도 레이어에서도 똑같은 형태로 남게 된다. 그 결과 치아의 형태는 불균형한 상태로 합성되어 어색하고 부자연스러운 이미지가 된다. StyleGAN2는 이 두 가지 문제를 해결하기 위해 여러 다양한 방법을 추가했으나 본질적인 문제들을 극복하지 못한 채 기술 보완을 계속해 나가고 있다.

참고문헌

박평종(2024). “이미지 자동 생성 인공지능의 원리와 현황”. ≪횡단인문학≫, 16호, 55-85.

Karras, T., et al.(2019). A Style-Based Generator Architecture for Generative Adversarial Networks. arXiv:1812.04948v3, 29 Mar 2019.

Karras, T., et al.(2020). Analyzing and Improving the Image Quality of StyleGAN. arXiv:1912.04958v2. 23 Mar 2020.

06
기타 생성 모델

컴퓨터 비전 분야에서 GAN은 가장 주목받는 생성 모델로, 다양한 과업을 수행하는 후속 알고리즘으로 진화했다. 인물의 측면 사진을 학습해 정면 사진을 합성하는 모델이 있다. 한 장의 기념사진으로부터 여러 장의 초상사진을 생성, 연결해 움직임을 부여하는 모델도 있다. 한편 적대 모델(GAN) 이후에 등장한 확산(Diffusion) 모델은 생성 이미지의 다양성을 높여 주는 알고리즘이다.

측면 사진을 정면 사진으로

GAN은 발표 이후 지속적인 기술 개선과 후속 알고리즘 개발을 통해 컴퓨터 비전 분야, 즉 이미지 처리 분야에서 가장 주목받는 생성 모델이 됐다. 이미지 치환과 합성, 수정 능력 등은 기존 포토샵과 비교할 바가 아니다. 후속 생성 모델이 처리하는 과업도 다양하다. 우선 TP-GAN (Two-Pathway GAN)은 다양한 각도에서 촬영한 얼굴 사진으로부터 정면 이미지를 합성해 내는 알고리즘이다. 이 모델은 완전 측면, 75도, 45도 등 다양한 측면 사진에서 정면 얼굴을 합성해 내는 놀라운 결과를 보여 주었다. 따라서 이 모델은 얼굴 인식을 요구하는 다양한 분야에서 활용될 수 있다. 예컨대 CCTV가 무작위로 캡처한 인물의 얼굴이 '정확히' 정면을 보여 주는 경우는 드물다. 카메라 앞에 얼굴을 '스캔'하듯이 갖다 대지는 않기 때문이다. 따라서 TG-GAN을 활용해 정면 얼굴을 추출하면 인물 식별에 효과적일 수 있다.

다양한 포즈의 얼굴에서 정면 이미지를 추출하는 '전통적인' 해결책은 크게 두 가지다. 첫째, 정면을 구성하는 불변의 특질을 사람이 직접 입력하는 방법, 둘째, 다양한 각도에서 촬영된 이미지들을 합성하는 방법이다. 첫째 방법에서는 먼저 정면의 근본 특질들, 예컨대 얼굴

윤곽이나 눈, 코, 입을 구성하는 최소한의 비례 등을 '지정'한 후, 부분적인 왜곡의 총합을 계산한다. 여기서 산출될 정면 이미지가 주어진 데이터(측면 이미지)와 유사성을 갖도록 '거리 학습(Metric learning)'을 적용해 최종 이미지를 계산한다(Huang et al., 2017: 2444). 둘째 방법은 3D 기하 변환(3D Geometrical Transformation)을 활용하는 방법이다. 이 방법들은 정면 정보를 비교적 충분히 갖고 있는 경우 정상화가 쉬우나 그렇지 못한 경우 세부 정보의 손실이 크다. 나아가 다양한 각도에서 관찰된 얼굴에 대한 사전 정보가 부족할 경우 산출된 정면 얼굴은 디테일이 없거나 흐릿하게 묘사되는 한계를 노출했다.

이 문제를 극복하기 위해 TP-GAN은 인간이 측면 얼굴로부터 정면 얼굴을 유추해 내는 과정을 모방한다. 사람은 우선 관찰을 통해 얻어 낸 측면 정보와 얼굴에 대한 사전 지식(예컨대 두 눈은 평행하고 코는 얼굴의 중앙에, 입은 코의 아래에 위치한다)을 토대로 정면 얼굴에 대한 전반적인 구조를 추정한다. 다음으로 정면의 디테일에 해당하는 부분적인 구역으로 이동해 형태를 산정한다. TP-GAN은 정면 얼굴 합성을 위해 이 두 가지 경로를 지닌 GAN을 제안한다. 첫째 경로(Global pathway)에서는 얼굴의 전체 구조를 추정하며, 둘째 경로(Local pathway)에서는 부분적인 텍스처가 그 구조에 부합하도록 변형을 진행한다. 이렇게 추산된 특질들은 최종 합성 단계에서 통합된다. 여기서 GAN 구조는 정면 얼굴의 특질 분포에 대한 사전 지식을 구축하는 데 효과적으로 활용되어 복원 과정을 주도한다(Huang et al., 2017: 2440). 생성자가 GP와 LP에서 추출한 정보를 통합해 정면 얼굴의 데이터를 산출하면 판별자는 실제의 정면 사진과 합성된(생성자가 산출한) 정면 사진을 비교해 식별을 진행한다. 새롭게 추가된 레이어에서 입력 데이터는 생성자가 합성한 정면 사진이고, 이 과정이 반복됨에 따라 손실값이 줄어들어 실제 정면 얼굴에 가까워지는 것이다. TP-GAN의 개발자들은 이 알고리즘이 거둔 성과를 세 가지로 제시한다. 첫째, 한 장의 측면 사진으로부터 정면의 동일성(identity)을 보존한 사진 같은 정면 이미지를 합성해 냈다는 점, 둘째, 3D를 2D로 변환하는 과정에서 발생하는 정보의 손실을 복원해 냈다는 점, 셋째, 합성을 통해 안면 인식의 가능성을 입증했다는 점이다(Huang et al., 2017: 2440).

사진이 움직인다!

마이 헤리티지(My Heritage)에서 개발한 딥 노스탤지어(Deep Nostalgia)는 '살아 움직이는 인물사진'을 제공하는 인공지능 알고리즘이다. 마이 헤리티지는 세계 각지에 흩어져 있는 가족이나 친인척 등을 찾아 주는 이스라엘의 인터넷 플랫폼으로, 오래된 기념사진이 주요 자료로 활용되고 나아가 DNA 검사 키트도 동원된다. 사용자가 여기에 사진을 업로드하면 마치 비디오 영상처럼 10~20초 정도 인물에 동작을 부여해 준다. '살아 있는 사진'이 탄생하는 셈이다. 딥 노스탤지어는 바로 이 낡은 기념사진의 '죽은' 이미지에 움직임을 부여함으로써 고인의 살아생전 모습을 회상할 수 있게 해 준다. 물론 이 움직임은 비디오로 촬영한 것이 아니기에 실제 현실은 아니다. 말하자면 사진 속 인물의 동작은 허구다. 사용자들은 처음에 일반인 가족사진을 대상으로 살아 있는 사진을 만들었는데, 나중에 저명한 역사적 인물을 비롯해 과거 인물들의 사진으로까지 확장했다. 그렇게 해서 마리 퀴리와 찰스 다윈, 에이브러햄 링컨, 오스카 와일드 등 수많은 '죽은' 자들의 '산' 사진이 탄생했다. 어떻게 이 살아 있는 사진이 가능할까?

딥 노스탤지어를 구현하기 위해 사용된 기술은 여러

가지다. 우선 낡고 빛바랜 사진을 복원해 고해상도 이미지로 바꾸기 위한 각종 소프트웨어가 바탕에 깔려 있다. 사진 복원 앱인 언페이드 스캐너나 포토글로리 등이 그것이다. 가장 중요한 기술은 컴퓨터 비전 분야에서 눈부신 성장을 거듭하고 있는 GAN의 후속 모델들이다. Few-Shot Adversarial Learning과 MoCoGAN이 여기에 사용된 대표적인 GAN 알고리즘으로, '살아 있는 사진'을 구현하는 핵심 기술이다. 전자는 한 장의 인물사진에서 여러 장의 유사 이미지를 추출하는 기술로, 이른바 '살아 있는 초상(Living portrait)' 생성에 널리 활용되고 있다. 후자는 기존 비디오 영상에서 동작과 내용물을 추출해 학습시켜 유사 비디오 영상을 생성해 내는 GAN 알고리즘이다.

이 '살아 있는' 사진은 마치 마법처럼 해리 포터에 나오는 〈예언자일보〉의 사진을 연상시킨다. 빗자루를 타고 날아다니는 마법의 세계에서는 종이에 인쇄된 사진 속 인물이 영화처럼 생생하게 살아 움직여 놀라움을 선사한 바 있다. 실상 마술과 과학은 아주 다르나 원리를 모르는 이들에게는 둘 다 경이롭다는 점에서 같다. 예컨대 자력의 원리를 몰랐던 시대에 검은 돌에 쇠붙이가 달라붙는 현상은 경이로운 '마법'이었다. 이 당연한 과학이

마술이었던 까닭은 그저 몰랐기 때문이다. 그런 점에서 과학은 마술을 정복해 나간다고 할 수 있다.

확산 모델

GAN은 여전히 널리 활용되고 있는 생성 모델이지만 최근에는 확산 모델(Diffusion model)이 등장하면서 이미지 생성의 가능성을 더욱 넓혀 주고 있다. 확산 모델은 원본 데이터에 노이즈를 조금씩 추가해 완전한 노이즈 상태로 만들고, 이를 다시 본래 데이터로 차츰 복원해 나가는 방법으로 이미지를 생성한다. 순방향과 역방향의 '확산'을 통해 원본 이미지와 생성 이미지의 확률 분포가 유사해지도록 하는 방법이다. 확산 모델이 적대 모델 GAN에 대해 갖는 상대적 장점은 한마디로 생성 이미지가 갖는 다양성에 있다. 확산 모델의 우월성을 강조하는 개발자들은 GAN이 최대 가능도 추산법에 따라 이미지의 충실도에 지나치게 집착함으로써 생성의 다양성을 확보하지 못했다고 지적한다. 그에 비해 확산 모델의 생성 이미지는 때로 학습 데이터에 없는 요소들을 포함하기도 한다. 이미지의 다양성은 결국 복잡도를 높이는 효과를 낳으며 그 점이 확산 모델의 장점으로 평가받는다. 반면 확산 모델은 노이즈의 주입과 제거 과정 때문에 GAN에 비해 생성 속도가 더디다는 단점을 지녔다.

참고문헌

박평종(2021a). "계산 이미지의 탄생: 장치에서 알고리즘으로". ≪AURA≫, 46호, 18-32.

박평종(2021b). "GAN 알고리즘의 생성 이미지와 시뮬라크룸". ≪현대미술학논문집≫, 25권 2호, 93-117.

Bergmann, U., et al.(2017). Learning Texture Manifolds with the Periodic Spatial GAN. arXiv:1705.06566v2 [cs.CV], 8 Sep 2017.

Huang, R., et al.(2017). Beyond Face Rotation: Global and Local Perception GAN for Photorealistic and Identity Preserving Frontal View Synthesis. Proc. IEEE Int. Conf. *Computer Vision*, Oct 2017, 2439-2448.

Dhariwal, P. & Nicole, A.(2021). Diffusion models beat gans on image synthesis. *Advances in neural information procession systems*, 34, 8780-8798.

07
가상 인간의 사진

인공지능은 사진을 학습해 존재하지 않는 가상 인간의 이미지를 생성한다. 역사 속 인물들의 초상화를 학습해 사진 찍힌 적이 없는 과거 인물의 사진을 생성할 수도 있다. 나아가 한 인물의 얼굴 사진으로부터 노화 과정을 추정해 미래의 얼굴을 합성하기도 한다. 사진에 찍히지 않은 인물들의 사진을 생성하는 셈이다.

'없는 자'들의 사진

StyleGAN을 개발한 엔비디아는 2019년에 공개한 플랫폼 Generated photos(이하 GP)를 통해 인물의 얼굴 이미지를 서비스하기 시작했다. 개발자들은 이 이미지를 "전적으로 인공지능이 생성한 사진"이라고 언급했는데, 실제로 GP가 보유한 얼굴 이미지는 일반적인 초상사진과 다를 바 없다. 그만큼 생성 이미지의 품질은 우수하며, 그 때문에 개발자들은 이 가상 인물들의 이미지를 '사진'이라고 부르기를 주저하지 않는다. 세상 어디에도 존재하지 않는 인물이지만 말이다. 요컨대 이 생성 이미지는 '없는' 자들의 사진이다. GP 외에도 StyleGAN을 활용한 이미지 생성 플랫폼은 여럿이다. 2019년에 공개된 또 다른 플랫폼 Thispersondoesnotexist.com(이하 TP)도 StyleGAN과 StyleGAN2를 바탕으로 생성 이미지를 제공해 왔다. GP가 각종 파라미터를 지정해 원하는 얼굴 이미지를 선택할 수 있다면 TP는 자동 생성된 이미지를 제공한다.

역사 속 인물들의 사진

캐나다 작가 다니엘 보샤트(Daniel Voshart)는 〈포토리얼 로마황제 프로젝트(Photoreal Roman Emperors

Project)〉(2020)에서 이미지 생성 플랫폼 아트브리더(Artbreeder)를 활용하여 고대 로마 황제 54명의 얼굴을 합성해 냈다. 그가 활용한 아트브리더는 SyleGAN과 BigGAN을 기반으로 사용자가 사진을 업로드하고 원하는 파라미터를 선택하면 그에 부합하는 이미지를 자동으로 생성해 준다. 이 생성 이미지는 제목이 말해 주듯 사진처럼 보인다. BC 27년부터 AD 285년까지 존재했던 역사 속 인물들이 생생하게 '복원'된 셈이다. 여기에 활용된 학습 데이터는 그들이 살아 있을 때 제작됐던 흉상 조각을 비롯해 주화에 새겨져 있던 초상 약 800장의 이미지다. 보샤트는 시대별로 로마 황제들의 연대기를 분류, 정리하고 각 인물의 초상을 아트브리더에 업로드해 기계학습을 시킨 후 이를 다시 사진으로 인화했다. 최종적으로 인화된 이미지에는 일반적인 예술사진의 관례에 따라 에디션을 부여해 예술작품으로 판매했다. 이 생성 이미지는 놀랍게도 아우구스투스 황제를 비롯해 칼리굴라, 네로 등 역사 속 인물들의 실제 모습을 보는듯한 인상을 준다. 물론 그들은 사진 찍힌 적이 없기에 이 이미지들은 엄밀히 말하자면 사진이라 할 수 없다. 그러나 시각적 효과는 사진과 다를 바 없다.

네덜란드 사진가 바스 우테르비크(Bas Uterwijk)도 아트브리더를 활용해 가상의 인물사진을 만들어 낸다. 그는 인공지능의 생성 이미지를 포스트 포토그래피로 분류하면서 고전적인 사진 개념을 넓히고자 한다. 아트브리더를 통해 그가 제작한 '포스트 포토그래피'의 특징은 보샤트의 경우에서처럼 인물들이 실제 카메라로 촬영된 적이 없었다는 사실에 있다. 그의 작품에 등장하는 인물은 엘리자베스 1세에서부터 나폴레옹 1세, 고대 이집트의 왕녀 네페르타리, 예수, 카이사르, 킹 알렉산더에 이르기까지 사진술이 발명되기 이전에 존재했던 이들이다. 그가 엘리자베스 1세의 '사진'을 제작하는 방식은 간단하다. 우선 엘리자베스 1세 초상화의 디지털 데이터를 아트브리더에 업로드한다. 그에 따라 StyleGAN은 기계학습을 통해 초상화의 특질을 추출해 원본 데이터를 만든다. 원본을 토대로 우테르비크는 각종 파라미터와 GAN 수치를 조절해 초상화와 가장 유사한 사진 같은 이미지를 합성한다. 다른 인물들도 같은 방식으로 제작됐다. 예수의 사진은 유럽 각지의 성당에 있는 이콘화를, 네페르타리나 카이사르는 그들의 조각상을 사진으로 촬영해 학습 데이터로 활용했다. 이 인물들이 실재와 얼마나 닮았는지 '과학적으로' 평가할 수는 없다. 학습 데이터는 어쨌든 그림과 조각, 말하자면 인간이 '주관적으로' 생산한 이미지에 기초하기 때문이다. 그러나 StyleGAN은 이 얼굴 이미지의 특질을 평균값으로 환산하고, BigGAN의 대규모 배치는 그 픽셀의 조합을 사진의 IS값에 가깝게 변환해 제공한다. 그 결과 그림을 바탕으로 제작된 이미지는 시각적으로 사진과 거의 구분되지 않는다.

미래의 얼굴

다양한 GAN의 후속 모델 중 미래의 얼굴을 합성하는 FAGAN(Face-Aging GAN)도 눈길을 끈다. 이전에도 노화한 얼굴을 합성하는 방법은 있었으나 다음과 같은 한계를 지녔다. 첫째, 프로토타입 기반 분석. 우선 연령대별로 인물 그룹을 설정하여 각 연령대에 해당하는 얼굴 특질의 평균을 추산한다. 여기서 연령대별 평균값의 차이가 노화의 패턴을 규정한다. 이 패턴은 입력 이미지로부터 원하는 연령대의 이미지 합성을 위한 계산의 근거가 된다. 이 방법은 간단하고 신속하지만 지나치게 일반적이어서 인물의 개별적인 특질을 담아내지 못해 결국 비현실적 이미지를 합성하는 문제가 있었다. 둘째, 신체 모델 기반 분석. 특정 개인의 근육과 피부, 두개골 등 노화 메커니즘을 모방하기 위해 매개변수 모델을 적용하는 방법이다. 그런데 이 방법을 적용하려면 동일 인물의 노화 과정을 시간의 흐름에 따라 폭넓게 보여 주는 연속적인 표본 사진이 필요한데, 이는 현실적으로 쉽지 않아 데이터 확보에 한계가 있다.

위의 두 방법에서 노출된 문제를 해결하기 위해 FAGAN은 GAN의 생성자/판별자 구조에 CGAN(Conditional GAN)의 원리를 통합한다. CGAN의 역할이 중요하다. 본래 GAN의 생성자는 유사(가짜) 데이터를 랜덤하게 산출하므로 정확히 원하는 데이터를 구하기 어렵다. 예컨대 한 인물의 노화한 이미지를 얻어 내고자 할 때 생성자가 산출할 최종 이미지가 10년 후의 모습일지 20년 후의 모습일지 알 수 없다는 것이다. CGAN은 원하는 데이터를 얻어 내기 위해 손실함수의 잠재 변수에 조건(C)을 추가해 출력 방향을 통제할 수 있도록 고안된 알고리즘이다. 결국 FAGAN에 추가된 CGAN이 목표로 삼은 연령대의 이미지를 얻어 내는 핵심 기술이다. 그리고 CGAN의 생성자가 산출한 데이터는 판별자의 무수한 '검증' 과정을 거쳐 해당 인물의 신체적 특질을 보유한 이미지로 거듭난다. 그러나 이 일반적인 방법을 통해서 얻어 낸 이미지에도 한계가 있다. 이는 얼굴의 노화가 모든 사람에게서 같은 속도와 패턴으로 진행되지 않기 때문에 발생하는 문제다. 예컨대 학습 데이터로 주어진 특정 그룹의 인물들은 연령대가 높은 다른 그룹의 인물들보다 더 젊어 보일 수 있다. 따라서 서로 다른 연령대들 사이의 노화 상태를 단순 비교하는 방법으로 학습을 진행하면 오류가 생길 수 있다. 그 결과 산출된 이미지는 연령대별 편차를 중간값으로 처리해 흐릿하고 희미하게 변질되는 경우가 많았다. 나아가 노화의 시각적 효과는 연령대에 따라 달라질 수도 있다. 예컨대 백발은 20세에서 30세로 넘어가는 과정에서보다 50세에서 60세로 이행하는 과정에서 훨씬 두드러지게 나타난다. 또한 노화의 효과는 연령대별로, 말하자면 단위별로 급격히 진행되지 않고 점진적으로 나타난다. 이 복합적인 문제를 해결하기 위해 고안된 알고리즘이 PFA-GAN이다. 핵심 기술은 다중 하부신경망 구조를 통해 학습을 진행한다는 데 있다. 기존 GAN 기반 모델들은 두 개의 서로 다른 연령대 간의 노화 효과 학습이 각각 독립적으로 진행되는 구조였다. 여기에는 각 학습 데이터 간의 연령대별 단절이 있어 학습 효과가 떨어진다. 한편 PFA-GAN은 여러 개의 하부신경망 구조를 통해 인접 연령대 간의 노화 효과를 동시에 학습할 수 있도록 했다. 요컨대 학습 단위를 연령대별로 잘게 나누어 미세한 노화 효과를 학습하게

함으로써 정확도를 높인 셈이다. 노화가 '점진적으로' 진행된다는 점을 고려한 것이다. 그 결과 PFA-GAN은 이미지의 품질, 노화의 정확도, 인물의 동일성 보존이라는 측면에서 기존 모델보다 훨씬 우수한 결과를 산출했다.

참고문헌

박평종(2021). "GAN 알고리즘의 생성 이미지와 시뮬라크룸". ≪현대미술학논문집≫, 25권 2호, 93-117.

Antipov, G., et al.(2017). Face Aging with Conditional Generative Adversarial Networks. arXiv:1702.01983v2 [cs.CV] 30 May 2017.

Wang, Z., et al.(2018). Face Aging with Identity-Preserved Conditional Generative Adversarial Networks. *IEEE/CVF Conf. Comput. Vis. PatternRecognit.*, 2018, 7939-7947.

https://generated.photos/

https://thispersondoesnotexist.com/

https://voshart.medium.com/photoreal-roman-emperor-project-236be7f06c8f

https://www.basuterwijk.com

08
생성 이미지는 사진일까?

사진은 전통적으로 피사체에서 반사된 빛이 감광물질과 상호작용해 형성된 이미지로 정의된다. 물리적 접촉과 인과 관계가 작용하므로 사진은 실제 존재하는 대상만을 촬영할 수 있다. 한편 GAN은 픽셀값에 노이즈를 추가해 유사 데이터를 생성한다. 생성 원리의 측면에서 사진과 다르다는 뜻이다. 그러나 시각적 유사성의 측면에서는 사진과 다를 바 없다.

실재와 가상의 경계는 어디에 있나?

인공지능의 생성 이미지는 사진처럼 보인다. 요컨대 GAN의 생성자가 손실함수를 적용해 산출한 디지털 데이터는 유사 정보, 즉 가짜지만 판별자를 속일 만큼 원본과 흡사해 인간의 눈으로는 가짜임을 식별할 수 없다. 생성자의 목표는 원본을 충실히 학습한 후 판별자를 속여 그와 유사한 가짜를 산출하는 데 있기 때문이다. 원본과 유사하나 '본질적으로' 그와 다른 이미지라는 뜻이다. 따라서 학습 데이터인 사진은 실재하나 생성 이미지는 허구다. 예컨대 StyleGAN 기반으로 생성된 초상사진이 가리키는 인물은 세상에 존재하지 않고, FAGAN이 '계산해' 산출한 미래의 얼굴은 '아직' 존재하지 않는다. 그러나 그 이미지는 너무도 실재와 흡사해 인물의 존재 여부를 의심할 수 없다.

실상 실재와 허구의 경계가 모호한 이미지는 사진이 발명된 이래로 꾸준히 제작됐다. 19세기 중후반의 조합 인화나 20세기 모더니즘 사진에서의 포토몽타주가 그 예다. 이후 디지털 기술을 통한 손쉽고 정교한 조작은 그 경계를 한층 희미하게 했다. 본래 사진은 플라톤 이래 줄곧 이미지와 실재를 구분해 왔던 전통적인 담론을 전복시킨 '기이한' 이미지다. 말하자면 사진에 관한 '고전 이론'은 사진과 실재를 거의 동일시했다. 앙드레 바쟁과 롤랑 바르트의 사진론에서부터 1980년대 이후 사진 담론에 지배적인 영향력을 행사했던 지표이론에 이르기까지 사진에 관한 핵심 개념은 실재의 기록이나 도큐먼트로 수렴하곤 했다. 그런데 포스트 포토그래피 담론이 등장하면서 상황은 역전됐다. 디지털 기술은 아날로그 사진 합성의 거칠고 투박한 요소를 제거함으로써 사진을 실재로부터 급격히 유리시켰다. 이후 디지털 사진은 허구, 가상, 시뮬라크룸에 속하는 이미지로 분류되기 시작했다. 물론 포스트 포토그래피의 실재성, 요컨대 디지털 변형으로 생산된 허구적 이미지의 '지표성' 문제가 여전히 논쟁의 대상으로 남아 있지만 말이다.

생성 이미지는 사진과 다르다

19세기의 조합 인화와 포토몽타주를 비롯해 포스트 포토그래피의 디지털 변형, 합성에 이르기까지 논란의 핵심은 이미지의 '생성 원리'가 여전히 지표의 논리를 따른다는 데 있다. 즉 비록 가상임에도 이미지를 구성하는 개별 요소는 생성 단계에서 실재에 근거한다는 것이다. 이 관점에 따르면 디지털 사진 역시 부분적으로 여전히 지표성을 갖는다. 그렇다면 GAN 알고리즘의 생성 이미지는 어떨까? GAN의 생성자는 원본 사진의 픽셀 데이터를 '약간' 수정해 판별자의 눈을 속이려 한다. 그리고 학습용으로 주어진 원본의 픽셀값은 무수한 생성, 판별의 과정에서 크게 바뀐다. 실상 디지털의 세계에서 '작은' 변화는 '본질적' 변화다. 똑같은 두 개의 숫자는 존재할 수 없기 때문이다. 따라서 수의 관점에서 보면 생성자가 산출한 이미지는 원본과 '본질적으로' 다르다.

그런 점에서 GAN의 생성 이미지는 사진과 차별성을 갖는다. 사진의 생성 원리에 따르면 사진은 대상에서 반사된 빛이 감광물질과 접촉해 형성된 자연 이미지(Natural Image)다. 따라서 사진은 발자국이나 지문처럼 인과율에 따라 생성되며, 원인(빛)과 결과(사진) 사이의 물리적 접촉을 전제한다. 한편 GAN 이미지는 '순수하게' 계산에 바탕을 두고 생성된다. 학습용 사진은 픽셀 데이터, 즉 숫자로 주어지고, 생성자는 여기에 가중치와 변수를 추가해 원본 데이터의 픽셀값을 다른 숫자로 바꾼다. 생성자와 판별자의 학습 과정 전체는 이 '숫자 변환 게임'이며 최종 결정된 '숫자'가 생성 이미지인 셈이다. 따라서 GAN의 생성 이미지는 '실재'와 어떠한 인과관계나 물리적 접촉 관계도 필요로 하지 않는다. 단지 '무한한' 유사성만 있을 따름이다.

인공지능 생성 이미지가 기존 사진과 갖는 또 다른 차이는 학습 데이터를 처리하는 방법에 있다. GAN의 생성자는 그림과 사진을 구분하지 않는다. 즉 모든 이미지를 픽셀로만 수용한다. 숫자만 '이해'할 수 있기 때문이다. 이는 GAN의 이미지 생성이 순수하게 계산으로 이루어지는 까닭이다. 여기서 빛과 감광물질의 상호작용이라는 고전 사진 이론의 원리, 요컨대 지표의 논리는 아무 의미가 없다. 따라서 GAN의 생성 이미지는 아날로그나 디지털 합성으로 만든 기존 이미지에 비해 다음과 같은 차별성을 갖는다. 첫째, 디지털 합성은 원본 사진을 재료로 하지만 GAN은 그렇지 않다. GAN의 학습 데이터는 사진일 수도 있고 그림일 수도 있다. 초상화를 학습해 사진 같은 이미지를 생산할 수도 있는 것이다. 즉 GAN은 사진과 그림을 구분하지 않고 픽셀 기반으로 구성된 모든 데이터로부터 이미지를 생성한다. 둘째, 인공지능은 도구 없이 이미지를 생산한다. 아날로그 합성에는 카메라를 비롯해 인화에 필요한 다양한 도구, 연필과 붓 등의 수많은 보조 수단이 필요했다. 디지털 합성 역시 포토샵의 다양한 툴, 요컨대 자르기와 붙이기, 회전 등 디지털 도구를 능숙하게 활용해야 한다. 한편 인공지능은 이러한 도구 없이 알고리즘의 내적 원리에 따라 자동 생성된다. 셋째, 생성 이미지의 지시 대상은 순수한 부재 상태다. 지시 대상이란 고전 사진 이론이 사진의 '특수성'으로 규정해 온 카메라 앞에 실제 존재했던 피사체를 뜻한다. 물론 아날로그/디지털 합성의 경우에도 '궁극적인' 지시 대상은 존재하지 않으나 합성의 구성 요소들은 '개별적으로' 지시 대상의 자격을 갖고 있다. 반면 GAN의 경우 이미지 생성은 함수를 통한 확률적 계산으로만 이루어지므로 순수한 '추상'의 산물이라 할 수 있다.

사진의 개념이 바뀔 수 있다

사진의 개념은 생성 원리에 따라 규정돼 왔다. 사진의 발명을 빛을 포착하는 감광물질의 발명으로 규정하는 관점도 그렇고, 사진의 특수성을 지표로 설명하는 관점도 그렇다. 요컨대 전통적인 사진 이론은 이미지의 시각적 유사성보다 생성 원리를 중시한다. 그런데 인공지능의 생성 이미지는 '시각적으로' 사진과 다를 바 없지만 생성 원리는 다르다. 그렇다면 이 생성 이미지에 어떤 명칭을 부여해야 할까?

생성 인공지능은 전통적인 사진과 전혀 다른 방식으로 사진 같은 이미지를 만든다. 초상화를 학습해 생성한 이미지는 과거의 인물, 요컨대 예전에 존재했으나 촬영 순간 카메라 앞에 없었던 역사 속 인물을 보여 준다는 점에서 사진의 '전통적인' 개념에 도전한다. 예컨대 바스 우테르비크는 전통적인 방식으로 촬영한 이미지는 '포토그래피'로, 인공지능으로 합성한 이미지는 '포스트 포토그래피'로 분류하면서 양자를 구분한다. 한편 StyleGAN을 기반으로 존재하지 않는 가상 인물들의 얼굴 이미지를 제공하는 엔비디아의 Generated photos는 이 이미지를 '생성 사진'으로 규정한다. 이 플랫폼은 2019년 공개되었을 때 약 200만 장의 얼굴 사진을 서비스하다가 새로운 알고리즘을 도입한 2023년 버전에서는 얼굴뿐만 아니라 전신을 합성한 이미지도 제공하고 있다. 신체의 타입과 포즈, 의복, 자세 등을 지정할 수 있으며 이미지의 품질은 극사실적이다. 시각적으로 사진처럼 보임에도 불구하고 이 인물들은 존재하지 않는 가상 인간이며, 당연히 사진 찍힌 적도 없다. 이처럼 생성 인공지능이 끌어들인 이미지 생산 방식의 변화를 통해 사진의 '전통적인' 개념은 재고를 요청받고 있다. 결국 문제는 사진을 실재와의 '관계'로 규정할지, 실재와의 '시각적 유사성'으로 규정할지에 달려 있다. 알고리즘 개발자들은 시각적 유사성을 정복함으로써 '포토 리얼리즘'을 완성하고자 한다. 그러나 유사와 동일성은 '본질적으로' 다르다. 인공지능의 생성 이미지가 갖는 근본적인 한계가 여기에 있다.

참고문헌

박평종(2021a). "인공지능 기반 이미지 생성 알고리즘과 사진". ≪미학예술학연구≫, 62집, 198-222.

박평종(2021b). "GAN 알고리즘의 생성 이미지와 시뮬라크룸". ≪현대미술학논문집≫, 25권 2호, 93-117.

박평종(2021c). "기술 매체 기반 미술의 근본 문제: 사진, 뉴미디어, AI". ≪AURA≫, 47호, 21-34.

09
인공지능과 창의성

인공지능은 인간의 데이터를 '학습'해 정보를 생성하는 모방 기계다. 이 모방 기계가 예술작품을 생산하는 창작 기계로 진화하기 위해서는 여러 조건이 필요하다. 인공지능은 알고리즘을 통해 새로운 데이터를 산출할 수 있지만 그 생성 데이터는 인간에게 가치 있는 정보로 인정받아야 한다. 그러나 인공지능은 스스로 그 가치를 판단하지 못한다.

모방기계와 창작기계

인공지능의 이미지 생성 능력이 눈부시게 발전하면서 인공지능의 창의성에 관한 논란도 초미의 관심사가 됐다. 한마디로 인공지능이 창의적 예술을 생산할 수 있느냐는 것이다. 실상 이런 논란은 사진술 발명 초기부터 제기됐던 바다. 보들레르는 1959년 살롱비평에서 사진이 기계적 복제 수단일 뿐이며 인간의 정신을 담아내지 못하므로 예술이 될 수 없다고 주장했다. 이런 주장의 바탕에는 창의성을 예술의 지고한 가치로 판단하는 낭만주의 예술관이 깔려 있다. 실상 고전주의 시대에는 모방 패러다임이 우세했다. 예술은 자연을 충실히 모방하거나 수학적 계산을 통해 확립된 조화와 균형을 구현할 수 있어야 했다. 그에 따르면 자연은 일종의 '소우주'로 이미 완벽한 형태를 갖추고 있다. 예술가는 이 형태의 완벽함을 구현하기 위해 자연을 충실히 모방할 수 있어야 한다. 르네상스 화가들이 기하학과 원근법, 측정법 등 산술과 계산에 기초한 묘사법을 중시했던 이유도 그 때문이다. 한편 모방 패러다임과 달리 창의성 패러다임은 미의 절대성을 부정하고 미란 단지 상대적이며 가변적이라고 주장한다. 그에 따르면 예술은 과거에 없었던 새로운 미의 규범을 제시할 수 있어야 한다. 그리고 이 창의성 패러다임은 우리 시대 예술의 가치를 결정하는 부동의 척도다.

인공지능이 이미지를 생성하면서 전면에 등장한 질문도 이 문제에 걸려 있다. 초기의 인공지능은 주로 스타일 트랜스퍼 방식을 활용해 특정 화가의 화법을 모방했다. 렘브란트의 그림을 학습해 인물의 초상사진을 렘브란트식 그림으로 바꿔 주는 '넥스트 렘브란트'나 구글의 '딥드림'이 그 예다. 이 모델은 기계학습의 장단점을 잘 보여 준다. 즉 인공지능은 데이터 '학습'을 통해 특정 예술가의 스타일을 충실히 모방할 수 있다. 한마디로 '모방기계'인 셈이다. 그런데 모방은 창의성과 거리가 멀다. 따라서 '모방 기계'가 '창작 기계'로 진화하기 위해서는 극복해야 할 문제들이 있다.

두 가지 창의성

인공지능이 창의적인 예술을 생산할 수 있는지에 대한 견해는 둘로 갈린다. 첫째, 인공지능은 단지 '기계'며 인간의 데이터를 학습해 예정된 결과를 내놓을 뿐이므로 창의성을 가질 수 없다. 둘째, 인공지능 기술의 발달과 프로그램 방식에 따라 창의적인 예술을 생산할 수 있다. 나아가 인간의 예술에도 완전한 창의성은 존재하지 않는다.

인공지능의 기획 단계부터 컴퓨터의 창의성 문제는 화두였다. 다트머스 회의에서 제안서를 제출했던 로체스터는 컴퓨터가 인간이 해결하지 못하는 문제에 대한 솔루션을 제시하는 이상 그 자체로 새롭고 창의적일 수밖에 없다고 주장한다. 안마리 브리디(Annemarie Bridy)도 창의성을 "예측 불가능한 것을 하는 능력, 규범에서 벗어나거나 그것을 부정하는 능력, 관습적인 것에서 탈피하는 능력"으로 규정하며, 인공지능의 창의성을 두 가지 관점에서 옹호한다. 첫째, 컴퓨터는 데이터 처리 과정에 랜덤한 요소들을 통합해 예기치 않은 결과를 산출하도록 프로그램될 수 있다. 둘째, 인간의 뇌가 일종의 기계며, 작가는 이미 글 쓰는 기계이므로 창작 기계와 인간 예술가의 구분은 무의미하다. 그에 따르면 저자는 과거의 수많은 규칙을 탐구하고 작품을 '구성'하기 위해 이 규칙들을 적용한다. 이 과정에서 저자는 무수한 과거의 저작들을 학습한 후 규범과 혁신 사이에서 자기만의 새로운 규칙을 찾아 나간다. 그것이 예를 들면 렘브란트나 고흐의 스타일이다. 결국 완전히 독창적인 작품을 생산하기란 불가능할뿐더러 모든 문화적 산물은 본질적으로 파생적이다(Bridy, 2012: 27).

창의성을 구현하는 방법

마거릿 보덴(Margaret Boden)도 컴퓨터의 창의성을 옹호하며 인공지능이 창의성을 구현하는 방법을 구체적으로 제시한다. 그에 따르면 우선 창의성은 "새롭고, 놀라우며, 가치 있는 사고나 생산물을 제시하는 능력"으로 예측 불가능성(unpredictability)을 수반한다(Boden, 2003: 1). 두 가지 관점으로 창의성을 구분할 수 있다. 첫째는 역사적 창의성(Historical creativity)으로, 어떤 누구도 이전에 가져 본 적이 없었던 새로운 사고나 생산물에 적용된다. 둘째는 심리적 창의성(Psychological creativity)으로, 그것을 생산한 자에게 새롭고 가치 있다는 사실을 전제로 한다. 이 경우 얼마나 많은 다른 사람들이 '이미' 그와 유사한 제안을 했었는지는 중요하지 않다. 관건은 이 새로운 사고를 어떻게 제시하느냐에 있다. 예컨대 이전에 한 번도 존재하지 않았던 것은 '역사적 관점'에서 창의적일 수 있지만 때로 어떤 누군가에게는 전혀 창의적이지 않을 수 있다. 역으로 심리적 관점은 역사적으로 창의적이지 않은 것을 창의적인 것으로 인식하도록 할 수 있다. 따라서 두 조건을 함께 고려할 때 컴퓨터가 산출하는 정보가 '인간에게' 창의적인 것으로 인식되려면 새롭다는 사실만으로 충분치 않다. 결국 진정 창의적인 정보는 우선 '역사적으로' 새로움을 지녀야 하며, 다시 '심리적으로' 새롭게 인식돼야 한다. 그런데 이 조건이 충족되려면 컴퓨터가 정보를 생산할 때 그 정보에 대한 가치 판단이 수반되어야 한다. 그 정보가 궁극적으로 인간에게 창의적인 것으로 인식되어야 하기 때문이다. 그러나 기계는 의식이 없으며 자신의 행위에 대한 가치 판단을 하지 않는다. 컴퓨터 프로그램은 인간의 창의성을 단지 시뮬레이션할 뿐 내재적으로 창의적이지는 않다.

결국 진정한 창의성(역사적+심리적)의 구현은 요원하나, 보덴은 컴퓨터가 조합(combination)과 탐색(exploration), 변형(transformation)을 통해서 역사적 창의성을 구현할 수 있다고 주장한다. 우선 컴퓨터는 이미 저장된 데이터를 랜덤하게 조합해 새로운 정보를 산출할 수 있다. 시각예술에서 널리 활용되어 온 콜라주나 몽타주가 그 예다. 문제는 어떤 방법으로 조합을 해야 새롭고 가치 있는 생성인지 컴퓨터 스스로 판단할 수 없다는 점이다. 탐색은 컴퓨터 스스로 생성 규칙을 학습해 새로운 정보를 산출할 수 있도록 프로그램하는 방법이다. 1970년대부터 화가 해럴드 코언이 고안한 컴퓨터 프로그램 아론(AARON)이 여기에 속한다. 초기의 아론은 기본적인 선과 드로잉을 학습하다가 차츰 페인트 브러시를 사용해 채색이 가능한 단계까지 진화했다. 탐색은 분명 컴퓨터의 '능력'에 대한 보편적인 관념에 이의를 제기한다. 즉 컴퓨터는 명령받은 것만 행할 수 있으므로 어떤 창의적인 결과도 산출할 수 없다는 러브레이스의 명제를 재고할 필요가 있다는 것이다. 마지막은 변형으로, 컴퓨터가 지시받은 것 이상을 수행할 수 있다는 사실에 기초한다. 컴퓨터가 프로그램의 규칙에 따라 정보를 산출한다는 사실에 이의를 제기하는 이는 거의 없다. 그런데 다른 한편 프로그램은 사전에 작성된 규칙을 바꿀 수 있는, 즉 갱신할 수 있는 프로그램도 포함할 수 있다. 유전 알고리즘(Genetic algorithm)이 대표적인 예다. 유전 알고리즘은 프로그램에 무작위로 변수를 추가해 데이터 생성에 변형을 줄 수 있다. 생물학적 진화에서 변이(돌연변이)가 발생하듯이 말이다.

가능성

생성 인공지능은 이미 예술 창작에 활용되고 있다. 두 가지 가능성이 있다. 첫째, 모방 모델이 창의성 모델을 대체할 수 있다. 인간의 예술이 완전히 창의적이지 않으며, 과거 예술에 대한 모방에서 시작해 이를 새롭게 재구성한 것일 뿐이라는 생각 때문이다. 따라서 인공지능의 '탁월한' 모방도 예술작품으로 인정받을 수 있다. 하지만 현재의 예술 패러다임에서 창의성은 부동의 척도다. 둘째, 인공지능의 창의성을 수용할 가능성이 있다. 창의성은 인간의 지적 활동을 대체해 나가고 있는 인공지능이 넘볼 수 없는 인간 고유의 영역으로 생각되어 왔다. 하지만 생성 인공지능은 '구조적으로' 새로운 정보를 산출할 수 있으며, 인간의 상상력을 뛰어넘는 놀라운 결과를 보여주고 있다. 따라서 인간 예술가와 인공지능의 협업은 점차 확장될 가능성이 높다.

참고문헌

박평종(2019). "프로그램 미술의 논리와 한계: 계산된 창의성". ≪미학예술학연구≫, 57집, 331-360.

박평종(2024). "인공지능과 생성예술". ≪현대미술학논문집≫, 28권 1호, 39-64.

Boden, M.(2004). *The creative mind: myths and mechanisms.* Routledge.

Bridy, A.(2012). Coding Creativity : Copyright and the Artificially Intelligent Author. *Stanford Technology Law Review.*

10
생성 사진을 둘러싼 문제들

인공지능의 이미지 생성 능력은 빠르게 발전했지만 여러 가지 문제와 한계를 갖고 있다. 여전히 데이터 편향에 노출되어 있고, 학습 데이터에 없는 요소는 생성하지 못해 이미지를 왜곡하며, 각종 오류도 발생한다. 한편 인간은 이미지 생산 과정에서 점차 배제되고 있으며, 생성의 방향을 통제할 수도 없다. 인공지능은 인간에게 블랙박스로 남아 있다.

텍스트-이미지 생성 인공지능

인공지능의 이미지 생성 능력은 빠르게 발전해 왔다. 초기의 변이형 오토인코더(Variational Autoencoder)를 비롯해 적대 모델(GAN), 확산(Diffusion) 모델 등은 사진 같은 사실적 이미지 생성에 널리 활용되고 있다. 2020년대에 진입하면서 이미지 생성 모델은 자연어 처리 분야에서 일대 혁신을 가져온 GPT(Generative Pre-trained Transformer)와 결합한다. GPT는 명칭이 말해 주듯 사전 학습을 통해 언어의 확률 분포를 예측해 변환기를 통해 문자를 생성한다. 공개되자마자 생성 인공지능의 상징이 된 챗GPT는 GPT3.5를 탑재한 모델이다. GPT와 이미지 생성 모델의 결합은 이미지 생성 분야에서 또 다른 변화를 가져왔다. 본래 문자와 이미지는 전혀 다른 역할과 기능을 수행한다. 정보의 생산 방식도 다르고, 수용과 해석 방식도 다르다. 문자가 구체적이고 개념적인 사고를 표현한다면, 이미지는 상대적으로 추상적이고 모호한 방식으로 정보를 전달한다. 문자가 엄격한 코드에 따라 생산되는 반면 이미지는 유사의 질서를 따른다. 나아가 사진 이미지에는 아예 코드가 없다. 사과를 찍은 사진은 영어나 불어, 한글을 몰라도 누구에게나 사과로 인식되기 때문이다. 그런데 텍스트-이미지 생성 인공지능은 문자(프롬프트)를 입력하면 그에 상응하는 이미지를 자동으로 생성한다. 오픈AI에서 공개한 달리 2를 비롯해 미드저니, 스테이블 디퓨전 등이 가장 널리 알려진 플랫폼이다. 이제 텍스트-이미지 생성 인공지능을 활용하면 누구나 완성도 높은 이미지를 만들어 낼 수 있다.

데이터 편향과 오류

그러나 활용이 수월하고 생성 능력이 고도화되었음에도 인공지능은 여전히 몇 가지 한계와 문제점을 갖고 있다. 첫째, 데이터 의존도가 높고 편향이 발생한다. 인공지능은 학습 데이터로부터 이미지의 특질을 파악하고 변수를 추가해 랜덤하게 이미지를 생성한다. StyleGAN의 경우 매 단계에서 학습 데이터의 평균값을 구해 스타일을 입혀 나가는 '배치 정상화' 방식을 취하고 있는데, 이때 학습 데이터에 없는 요소는 생성할 수 없다. 얼굴 합성을 위해 StyleGAN이 학습한 데이터는 서양 유명인들의 사진 데이터베이스이므로 한국인의 얼굴을 합성할 때 왜곡이 발생한다. 예컨대 조선의 초상화를 학습해 인공지능이 생성한 이미지에서 조선의 사모와 관모, 투구 등은 제대로 표현되지 못하고 현대 남성의 일반적인 헤어스타일로 변형된다(박평종, 2024a: 14).

둘째, 생성의 방향이 고정돼 있다. GAN의 생성자는 '궁극적으로' 학습 데이터의 평균치로 수렴하는 형상을 산출하고자 한다. 인간이 이미지 생성에 개입하지 않고 자동 생성 방식을 취했을 때 생성된 이미지는 서로 유사하다(박평종, 2024a: 16). 요컨대 스테레오타입 생성 시스템인 셈이다.

셋째, 이미지 생성에 오류가 발생한다. 사실적인 이미지 생성에 가장 탁월하다고 인정받는 StyleGAN도 엉뚱한 이미지를 만들어 낸다. 오류는 때로 신체 일부를 기괴하게 변형시키기도 하고, 얼룩을 덮어씌우기도 하며, 얼굴 형태와 눈, 코, 입 등의 불일치를 낳기도 한다. 이런 오류를 바로잡기 위해 후속 모델인 StyleGAN2와 StyleGAN3가 공개됐지만 오류는 여전히 발생하고 있다.

블랙박스

손에서 카메라로, 다시 알고리즘으로 이미지 생산 방식이 이동할 때 수반되는 현상은 자동화다. 인간의 개입이 줄어드는 방향으로 진행된다는 뜻이다. 자동화의 초기 단계에서 인간의 개입 여지, 즉 '수동성'은 부분적으로 자동성과 섞여 있었다. 이때 사진은 '자동 생성'의 원리를 따르나 실제 그 '자동성'에는 부분적으로 인간의 개입과 통제가 수반된다. 프로그램이 고도화되면서 수동성은 빠르게 줄어들고 자동성은 점차 강화된다. 이제 인공지능 기술의 발전과 더불어 이 '자동성'은 한층 고도화됐으며 인간이 개입할 수 있는 여지는 더욱 줄어들었다. 인간은 '확률 게임'에 따라 자동으로 산출된 이미지를 선택할 따름이다. 이미지 생성 플랫폼을 활용할 때 수요자는 몇 가지 파라미터를 통해 이미지 선택에 개입할 수 있다. 성별과 나이, 머리카락 색깔 등이 그것이다. 그러나 그 파라미터는 실제 이미지 생산에 영향을 주는 것이 아니라 알고리즘의 제안 범위를 좁히기 위한 종속변수일 뿐이다. 그리고 우리는 그 알고리즘이 왜 그 사진을 제안하는지 알 수 없다.

인공지능의 생성자는 '블랙박스'며, 그 안에서 어떤 일이 벌어지는지는 베일에 싸여 있다. 이는 비록 사진 촬영 과정에 사진가가 부분적으로 개입함에도 이미지의 생성 과정에 대해 전혀 알지 못한다는 점에서 카메라가 '블랙박스'라는 플루서의 주장과 일맥상통한다(Flusser, 1983: 27). 실제 프로그램 설계자들조차 하나의 알고리즘이 어떤 데이터를 산출할지, 나아가 산출된 데이터가 '왜' 나왔는지 알지 못한다. 결국 이미지 생산의 자동성이 고도화되면서 인간은 자신이 향유하고 소비할 이미지의 생산 과정에서 소외됐으며, 생성자의 불투명성도 함께 높아졌다. 이제 인간은 영문도 모른 채 '블랙박스'에서 쏟아져 나오는 이미지의 소비자로 전락했다. 이미지의 생산력은 향상됐으나 생산 과정으로부터 배제당한 셈이다.

인간의 의도를 회복하기

전통적인 이미지는 인간의 의도를 충실히 반영한다. 손은 생각대로 움직이며, 의도를 거스르는 어떤 매개변수도 없기 때문이다. 한편 카메라라는 장치가 이미지 생산을 대신하면서 인간의 의도는 부분적으로 희생되어야 했다. 기계적 메커니즘을 따라야 하기 때문이다. 실상 장치를 만든 애초의 의도는 인간을 노동으로부터 해방하는 데 있었다. 카메라가 붓을, 타자기가 펜을 대신하듯이 말이다. 카메라와 타자기는 붓과 펜의 역량을 뛰어넘어 정보 생산의 양과 속도, 정확도의 측면에서 놀라운 성취를 거두었다. 예컨대 카메라 렌즈는 인간의 눈으로는 포착할 수 없는 가시적 세계의 모습을 무한히 확장해 주었다.

생성 인공지능은 새로운 데이터를 산출하기 위해 인간이 설계한 프로그램이다. 인간의 손이나 카메라로 할 수 없었던 놀라운 과업을 인공지능이 수행하고 있다. 요컨대 인간이 해결할 수 없는 과업을 인공지능이 대신한다는 것이다. 사진 찍힌 적이 없었던 과거 인물의 '사진'을 생성하는 것은 물론 미래의 얼굴 모습을 합성하기도 하며, 존재하지 않는 가상 인물의 얼굴까지도 만들어 낸다. 문자 입력만으로 사진 같은 장면을 만들 수도 있다.

그러나 이런 고무적 성과에도 불구하고 인공지능은 설계자인 인간과의 관계에서 근본적인 문제를 제기한다. 즉 인공지능 프로그램은 정보 생산에서 빠르게 인간을 배제한다. 실제 이미지 생성 인공지능은 편의성, 활용의 수월성 문제와 맞물려 인간의 의도와 상관없이 자동으로 과업을 수행한다. 생산 공정의 설계자가 바로 그 공정에서 소외된 셈이다. 인간이 프로그램을 설계한 본래 의도는 가치 있는 정보를 산출하는 데 있었다. 그러나 그 자동성에 심취한 인간은 자신의 본래 의도를 망각한 채 산출된 정보의 현란함에 심취된다. 새로운 정보의 생산과 생산 공정의 자동화를 얻어 낸 대가로 자기 배제라는 역설적 상황을 맞이한 셈이다. 분명 인공지능은 과거에 경험하지 못했던 새로운 시각적 경험을 제공하며 인간의 감각을 확장한다. 그 또한 인간의 확장이다. 그러나 그 배후에 도사리고 있는 모순을 성찰하지 못한다면 어떤 상황이 전개될지 알 수 없다. 인간의 본래 의도를 기억해야 하는 이유다.

참고문헌

박평종(2022). 『미증유의 얼굴: AI의 오류 이미지』. 달콤한책.

박평종(2024a). 『생성사진 프로젝트』. 달콤한책.

박평종(2024b). 인공지능과 생성예술. ≪현대미술학논문집≫, 28권 1호, 39-64.

Flusser, V.(1983). *Towards a philosophy of photography.* Reaktion Books Ltd.

박평종

중앙대학교 인문콘텐츠연구소 HK연구교수다. 중앙대학교 사진학과를 졸업하고 파리10대학에서 미학 박사학위를 받았다. 〈다큐멘터리 스타일〉전(2014), 〈사진의 경계〉전(2022), 〈미증유의 얼굴〉전(2022), 〈생성사진 프로젝트〉전(2024) 등 다수의 전시를 기획했다. 주요 저서로 『AI, 세상을 바꾸다』(2022), 『사진가의 우울한 전성시대』(2013), 『한국 사진의 자생력』(2010) 등이 있다. "이미지 생성 인공지능의 가능성과 한계: 한국 초상화 기반 생성사진 제작 사례"(2023), "계산 착오 이미지: 알고리즘의 도전"(2022) 등 다수의 논문을 발표했다. 사진과 시각예술에 관한 연구를 진행해 왔으며, 인공지능 기술이 향후 인간의 시각 문화에 어떤 변화를 초래할지에 관심을 기울이고 있다.